だいわ文庫

精神科医が教える

50歳からの
お金がなくても平気な老後術

保坂 隆

大和書房

はじめに――お金の使い方を変えると、不安は消える

書店に行くと「いつまでも若さを保つアンチエイジング法」や「元気なシニアライフのためにいまから始める健康づくり」といった中高年層向けの本に混じって、近年とくに目立つのが、「定年までに用意したい老後の生活準備金」「老後を乗り切るためのマネープラン」など、老後のお金にまつわる本です。

さらに、最近では「下流《かりゅう》老人」や「老後貧乏」「貧困老人」といった言葉が流行語のように語られて、必要以上に高齢者の貧困を煽《あお》る傾向も見受けられます。

いくら景気がよくないといっても、日本が安全で経済的にも安定した国だということに変わりはありません。それでも、なんとなく老後のお金が心配というのは、実体のない漠然とした不安にとらわれているからで、その実体がわからないからこそ、不安を感じるのです。

これは、「幽霊《ゆうれい》の正体《しょうたい》見たり枯れ尾花《おばな》」ということわざどおり、実際はなんでもないものでも、恐怖心や疑いの気持ちがあると恐ろしく思えてしまうという現象で、き

ちんとわからないものほど怖いのです。

まして、自分がまだ足を踏み入れたことのない年代に対しては、不安や恐れがあるのが当然です。「病気をしたらどうなるのか」「お金が底をついたらどうしよう」「ひとりになるのが不安で仕方ない」と考えてしまうのも、よくわかります。

しかし、いくら心配したからといって不安が消えるわけではありませんし、事態が好転するものでもありません。それどころか、**いつも不安を抱えていれば自律神経は不安定になり、高血圧を招いたり、うつ症状を引き起こしたりするなど、心身に悪影響を与えかねません**。

このような漠然とした不安から解放されるには、まず自分自身の意識と生活のスタイルを見直すのがなによりです。

たとえば、「五年後にはこんな自分でありたい」「この目標に向かって次の一〇年を進もう」といったビジョンを描きながら生きていけば、当然、日々の暮らし方やお金の使い方は変わってくるでしょう。

生活の質は大事にしながら、自分らしいシンプルな暮らしを心がけることで、気持ちもずっと軽やかになれるはずです。

老後とひと言で言っても、六〇歳にもならないのにネガティブな考え方ですっかり老け込んだ人もいれば、八〇歳になっても若々しいエネルギーにあふれた人もいます。まさに人の数だけ老後の形もあるのです。**まずは自分の描く老いの理想の形を定めて、お金と時間の使い方に自分なりのスタイルを見つけましょう。**

しかし、定年間近になってあわててプランを立てるのでは、少し遅すぎます。五〇歳を過ぎたらゆっくり老い支度《じたく》をする時期と考え、精神面でも経済面でも、完成された大人の領域をめざしたいものです。

ただし、あまりきっちりとルールを決めると息苦しくなりますから、暮らし方はできるだけ臨機応変に、余裕を持たせておきましょう。

老後を明るく乗り切るために必要なのは、なによりも「心の若さ」と「心の健《すこ》やかさ」かもしれません。歳をとっても夢を忘れず、自らの可能性に挑み続ける姿勢こそ、老後を輝かせるいちばんの切り札なのではないでしょうか。

目次

精神科医が教える
50歳からの
お金がなくても平気な
老後術

第2章 老後の健康にお金をかけない

第3章 みっともない老い方をしない

第4章 定年後、大切にしたい人づき合い

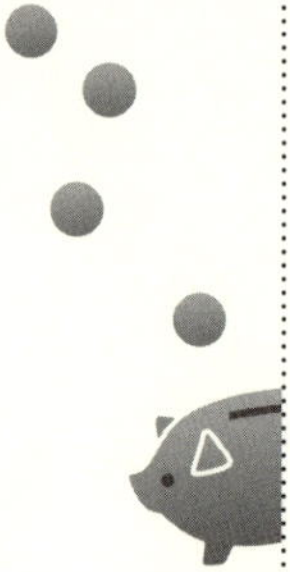

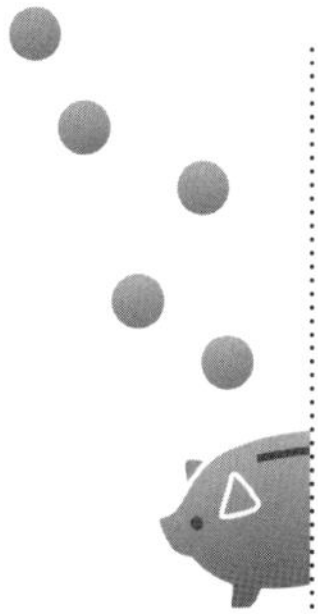

第5章 五〇歳からの充実時間の見つけ方

第1章

少しの
お金でも
優雅に暮らす

貧しい人は、お金がいくらあっても満足しない

強欲を棄て去りたくば、その母たる贅沢《ぜいたく》を棄てよ。
（キケロ）

「地獄の沙汰《さた》も金次第っていうけど、結局、最後はお金よね」

「そうそう、人間やっぱりお金がないとダメだわ」

まるで、人生の価値を測る尺度がお金であるような考え方が幅をきかせていることに、一抹《いちまつ》の寂《さび》しさを感じることがあります。

ただ、こうした価値観は大きな矛盾を抱えているのも確かです。

なぜなら、もしこの考え方が正しいなら、世のお金持ちはすべて幸せで、貧しい人は誰しも不幸でなければならないからです。

ところが、現実はどうでしょう。

あなたのまわりには、いつも笑顔で幸せそうなお金持ちや、暗い表情で不安げな貧しい人ばかりでしょうか。持っているお金の額と幸福度は常に比例しているでしょう

か。

おそらくそんなことは稀《まれ》で、お金はたくさんあるのに、いつも心配事を抱えて眉間《みけん》に皺《しわ》を寄せている資産家や、反対に貯金もなく生活もラクではないけれど、「明日は明日の風が吹く」とばかりに、笑いながら気苦労のない毎日を過ごしている人も大勢います。

こうしたケースを見ると、お金で人の幸せを測ることが、必ずしも正確な判断方法とはいえないことがわかりますね。

「資産や名誉を守っていくにはそれなりの苦労がある。お金があればあったなりの苦労もあるんだ」というお金持ちもいます。庶民としては、「そんな苦労、できるもんならしてみたい」と思いますが、こんなことからも「金持ちは幸せ」といった単純な図式は通用しないことがわかります。

人生の折り返し地点である五〇歳を越えると、「**お金がないと不安↓蓄えがあれば安心↓お金があれば幸せ**」という図式を描きがちです。

確かにお金は幸せをもたらしてくれますが、お金がなければ幸せになれない、というわけではないでしょう。

お金に関する価値観について、実に含蓄《がんちく》ある言葉を私たちに届けてくれる人物がいます。それは、「世界一貧しい大統領」として全世界に知られた、南米ウルグアイのムヒカ前大統領です。

ムヒカ氏は、大統領時代も郊外の質素な農場に住み、運転手付きの公用車には乗らず、中古のフォルクスワーゲンを愛用して、飛行機もエコノミークラスを利用するという生活を実践していました。

大統領報酬の約九〇%をチャリティに寄付して、自分は月一〇〇〇ドル程度で生活するという倹《つま》しい暮らしぶりから、「世界一貧しい大統領」と呼ばれるようになりました。そのムヒカ前大統領が残した言葉に、次のようなものがあります。

「貧乏な人とは、少ししかものを持っていない人ではなく、無限の欲があり、いくらあっても満足しない人のことだ」

この言葉は、人間心理の本質をよく表しています。つまり、人の幸せ度は心の満足度によって判定される。いくらお金を持っていても満足感がなければ渇《かわ》いたままで、お金がなくても心が満たされていれば十分に幸せを感じられる、ということです。

いくらお金をかけてもなかなか満足感が得られないとしたら、いま一度、私たちは価値観を見直す必要があるのではないでしょうか。

ぼんやりとした満足感のなさは、不安感の裏返しでもあります。そして、その大きな原因は、自らが設けたハードルの高さにあるのかもしれません。

「六〇歳までに五〇〇〇万円は用意したい、老後の準備金」

「貧困に苦しむ下流《かりゅう》老人にならないためのマネープラン」

こんな見出しが並ぶ雑誌や新聞の影響なのか、平均的なレベルに固執《こしつ》し、落ちこぼれまいとして、必要以上の不安やあせりを感じる人が増えているようです。

気持ちを切り替えて、心の満足度に目標をシフトしてみてはどうでしょうか。

ムヒカ前大統領の「無限の欲があり、いくらあっても満足しない人が貧乏人」という言葉を胸に刻むと、また違う景色が見えてくるかもしれません。

格好つけた「お金の使い方」は卒業しよう

身分不相応の生活をする者は馬脚を現す。（ゲーテ）

お金についての考え方や使い方は千差万別です。テレビや雑誌を見ていると、お金を贅沢《ぜいたく》に使っていると自慢する人もいれば、反対に、いかにお金がないかを誇らしく語る人もいます。

とくに貧乏自慢は現代社会にしっかり根付いており、「うちなんか、毎月、家計は火の車よ。最近では家計簿をつけるのも嫌になっちゃった」「貧乏暇なしで毎日がんばっているのに、ちっともラクにならない」などという会話をよく耳にします。

基本的に日本人は自分の立場を謙遜《けんそん》していうものですから、かなり大げさな表現が多いのですが、「全然お金がない」「貯金ができない」「やりくりが大変だ」といった貧乏アピールは、あまり反感を招くことはありません。

それどころか、「苦しいのはお互い様」といった共感を得られたりして、よほど大げさでないかぎり、受け入れられるのではないでしょうか。

問題なのは、その人の身の丈に合っていないお金の使い方や、見栄《みえ》を張った消費行動です。

バブル時代は、ブランド物のバッグや時計を求めて、パリやロンドンの老舗《しにせ》ブティックに殺到《さっとう》する日本人観光客の様子が話題になりましたが、いまではこうしたブームもすっかり下火になったようです。

でも、こうしたブランド熱は衰えても、やはりちょっと格好をつけて、セレブなライフスタイルを気取ってみたい気持ちは、誰にでもあるのでしょう。

雑誌やネットで話題の店の限定商品を先取りしたり、気前よく後輩や同僚に食事をおごったり、小さな優越感を楽しむのも時にはいいでしょう。

ただし、「人にどう見られるか」を基準にしたお金の使い方は、あまり感心できるものではありません。

とくに、ある程度の年齢になれば、**流行やモノの値段には関係なく、買うものはそれなりのポリシーと自信を持って選びたい**ものです。

「普段は質素に暮らしていても、お茶だけはいいものを選びたい」「月に一度、○○堂の和菓子をいただくのを楽しみにしているの」「着るものはそんなにお金をかけないけど、靴だけは質にこだわりたい」など、自分の感性を生かした消費は、格好をつけているとはいいません。むしろ、お金の使い方にもメリハリをつけて、倹約と楽しみをうまくミックスするのが、大人の賢い生活術といえます。

たとえば、セールで買った安いスカーフでも、上手に着こなせたら、何万円もするブランド物を買うより、ずっと素敵に見えるはずですね。

着こなし方のセンスを磨いていけば、安い品物でも「品のよい物」のように見せたりもでき、生活に新たな楽しみが生まれるのではないでしょうか。

お金よりも「手間をかける」姿勢を大事に

贈る〝もの〟より、贈り方が肝腎。
（コルネイユ）

職人が手間暇かけて作り上げた友禅《ゆうぜん》の着物や、丹念に仕上げた漆塗《うるしぬ》りの漆器《しっき》、手編みで編み上げたレースのテーブルクロスなど、ハンドメイドの品は根強い人気があります。

値は張りますが、そこには機械では表現できない味わいや奥行きがあって、決してそれを「単に高いだけ」とは感じないでしょう。時間をかけて人の手で作り上げた作品には、お金では測れない価値があるからです。

以前、ある企業のコマーシャルで「その笑顔、プライスレス」というコピーが登場して、ちょっと話題になりました。「プライスレス」とは、文字通り「お金では買えないほど価値があるもの」ということ。**「お金には替えがたいものこそほんとうに大切なもの」**という意味が込められています。

若い頃には、「早い、安い」でいいかもしれませんが、五〇代になったら、「手間をかける」という考え方を大切にしたいものですね。

たとえば、お中元やお歳暮を贈る際にも、ひと手間かけると、その価値を高めることができます。

もともとお中元やお歳暮は、日頃お世話になった方への感謝を込めて、その方のお宅へ直接お持ちするのが一般的でした。ところが時代の流れとともに、デパートなどから送られるようになり、感謝の気持ちは「お中元」「お歳暮」と書かれた、のし紙一枚に込められるようになっています。

現在はそれが当たり前になっていますが、やはり味気なさは否めません。

友人のMさんは義理堅い人で、毎年、季節のご挨拶《あいさつ》といってお中元やお歳暮を送ってくださるのですが、そこには必ず、押し花のついた手作りのカードに自筆でメッセージが添えられています。

「今年もお世話になりました。心ばかりのものですが、みなさんで召し上がってください。カードの押し花は、妻と長野に旅行したときに摘《つ》んだコスモスで作りました」

毎回、この程度の手短な言葉が書かれているのですが、どんな贈り物より真心が伝わってきます。奥様と一緒に眺めた美しい景色、その感動までもが届くようです。**たとえ高価な品でも、印字されただけののし紙がついた贈り物とは比べ物にならないほど、その人の感謝の気持ちが伝わってくるのです。**

お中元やお歳暮といった贈り物は、感謝の気持ちを金額で表しがちです。「あの人はとくにお世話になったから一万円くらい。この人は義理で贈るから五〇〇〇円くらいでいいかな」といった具合です。

円熟の年代に入る五〇代。お金の価値で感謝の気持ちを表すのではなく、Mさんのようにひと手間かけることで真心を届けてみませんか。まさに、プライスレスの感謝が伝わるはずです。

「モタさん」の愛称で知られた精神科医の斎藤茂太さんは、「小さな手間を省かないことが、大きなイライラを防ぐコツ」という言葉を残しています。じっくりなにかに取り組むことは、誰かへの心くばりだけでなく、自分自身の心を乾かせないという〝うれしいおまけ〟がついてくるのです。

「シックに暮らす」生活をはじめよう

人間は意欲すること、そして創造することによってのみ幸福である。
（アラン）

私たちは、よく「この服は色合いがシックで素敵だ」とか「彼女にはこういうシックなデザインがよく似合う」など、「シック」という言葉を使います。これはフランス語の「chic」で、「上品で洗練されているさま」をいいます。

ただ、シックそのものに特定の基準があるわけではなく、雰囲気を表す言葉ですから、「品がよく洗練されている」のであれば、ファッションだけでなく、生き方や暮らし方、しぐさや話し方まで当てはまります。

もしシックといえる基本があるとすれば、それは「**品がよいこと**」と「**落ち着いたセンスがあること**」でしょうか。いくら美しくても、あまりにも派手だったり、目立ちすぎるものは、シックとは呼べないようです。

「シック」が西洋的なものに対してだけ使われると思っている人もいるようですが、

そんなことはありません。「シック」は、日本語でいえば「粋《いき》な」「洒落《しゃれ》た」「垢抜《あかぬ》けた」という意味ですから、日本的でも、上品で洗練されたテイストのものなら、「シック」の範疇《はんちゅう》に入るでしょう。

たとえば、小津安二郎監督の映画に出てくる原節子や杉村春子の風情は、落ち着きがあって、しかもどこか粋で、プライドの高い印象があるのですが、彼女たちの様子を「シック」と呼んでも違和感はないでしょう。むしろ、その暮らしぶりは、「シックな生活」を実践しているようにも見えます。

床の間に飾られた季節の草花や木目の美しい木の家具、竹などの自然素材を生かし

た上品な和のアイテムに彩《いろど》られた生活は、現代の私たちにとってもお手本になりそうです。

つまり、合理性だけを考えるとなかなか実現できなくても、**ゆとりを楽しむ気持ちがあれば、もっとシックな暮らしを楽しむことはできるはず。**こういうと、どこから実現していけばいいかと思うかもしれませんが、いちばん簡単なのは、自分が大好きなモデル像を選んで、それを真似することです。

自分が原節子になったつもりで、「彼女ならどんなインテリアにしただろう」「どんな着こなしを楽しんだだろう」と考えるだけで、楽しい気分になれるのではないでしょうか。

そんな遊び心を持ちながら、粋な暮らし方を探してみるのも、熟年世代の楽しみ方のひとつだと思います。

節約とは「低く暮らし、高く思う」こと

節約する者で貧しい者はない。
（サミュエル・ジョンソン）

節約とは、一般に無駄を省いて切り詰めること、不要な出費を控《ひか》えて無駄遣いをしないことをいいます。

「うちでは節約のために、出かけるときはコンセントを全部抜いている。これで少しは電気代が節約できるはずだ」

「うちの主人は、トイレの電気はつけっ放し、見ないときもテレビをつけっ放しではほんとうに困るの。少しは節約を心がけてほしいものだわ」

このように日頃から節約を意識するのは、家計のためになるばかりか、省エネやエコロジーにも役立つのですから、とても素晴らしいことです。

ただ、節約は家計が苦しいから取り組むというものではなく、無駄をなくしてスリムに暮らすための方法ですから、惨《みじ》めな気持ちになったり、精神的な負担を感じるよ

うなら、まず節約に対する考え方を整理する必要がありそうです。「節約」と聞いただけで貧乏臭さを感じてしまう人は、頭のなかで節約が生活のレベルを落とすことに通じてしまうのでしょう。

しかし、いまの世の中では、「安かろう、悪かろう」という常識はもう通用しません。一〇〇円ショップでも、良質な商品が豊富に手に入るのですから、工夫次第で、生活のクオリティーを落とさず、上手に節約することは可能です。

我慢《がまん》する節約にはマイナスのイメージがありますが、いまあるものに感謝しながら上手に暮らせるのなら、プラスの要素が大きいのです。

「無駄使いをしないように」と、財布の紐《ひも》を締めるのが後ろ向きの節約なら、「無駄なく大事に使いましょう」と、モノの価値を見直して大切に思うのが、プラス思考の節約です。いわば、節約とは「低く暮らし、高く思う」こと。**ただ単に経済的な効果だけをめざすのではなく、精神的な豊かさも同時に得られるのがほんとうの節約**といえるでしょう。

高峰秀子さんは、五五歳で女優業を引退すると、「人生の店じまい」を考え、それまで住んでいた大邸宅を小さな家に建て直しました。女優をやめれば、もう客が大勢来ることもなくなる。そうなれば、大きな家は無用の長物になると思ったそうです。

同時に、それまで持っていたたくさんの豪華な家具も、来客をもてなすための食器類も全部処分してしまい、四客のイスと夫婦が使う二客ずつの食器を何種類かという生活に変えたといいます。こうしたスリムな型に移行したことで、「大きな自由と、さっぱりした気分を手に入れた」と語っています。

ケチりすぎると忘れてしまう大切なこと

人は食うために生きるのではない。生きんがために食うのである。

（ソクラテス）


「せっかく節約生活に目覚めたのに、誰もほめてくれないんですよ」

ある仕事でご一緒した人が、節約について私にこぼしたことがあります。その人いわく、そろそろ老後に備えて引き締まった生活を心がけなくてはと思い、できるだけ無駄のない生活をスタートさせたそうです。

すると家族から、「あなた、最近ケチくさいこと言うようになったわね」とか、「お父さん、うちにはお金がないの？」などと言われ、すっかりモチベーションが下がってしまったとか。

気になって、「どんな節約を実践したのですか？」と聞いてみると、使っていいトイレットペーパーの長さを決めて、「ミシン目三つまで」と書いてトイレに貼り紙をしたり、家族が間をあけずに入浴するのはもちろんのこと、ひとりの入浴時間を一五分以内に決めたらしいのです。

確かに、無駄にトイレットペーパーを使うのはよくないですし、家族が間をあけず短時間に入浴すれば電気代やガス代を抑えられます。家計にも環境にもやさしい暮らしになるでしょう。

しかし、それは家族一人ひとりが同じように考えることが肝心。誰か一人が音頭をとって、「ほら、省エネだ！」「ほら、節約だ」と言ったのでは、冷ややかな目で見られるだけです。まずは自分自身が実践し、徐々に家族に広げていくという気持ちでいないと、うまくいきません。どんなにいいことだとしても、人から押しつけられれば反発が生まれるからです。

あまりにも力が入りすぎて「ケチ」呼ばわりされるケースは少なくありません。とくに、節約を始めたばかりのときはどうしてもがんばりすぎるので、注意が必要です。
そこで、まず「節約」と「ケチ」の違いについて考え、方向性を確認しておきましょう。

「節約」と「ケチ」の違いを辞書で調べると、節約はムダを省いて倹約すること、ケチは金品を必要以上に惜しむこととありますが、ケチの「必要以上に惜しむ」というところがポイントかもしれません。

また、「なんのために節約するのか」という目的をハッキリさせておきましょう。**なんの目的も計画性もなく、とにかく「お金を使わないこと」が目標になってしまうと、それは「ケチ」以外のなにものでもなくなってしまいます。**

いっぽう、目的がマイホームのためでも、子どもの進学のためでも、大きな買い物のためでも、夢や目標があって出費を控えるなら、それは立派な節約です。

ところが、「ケチ」と呼ばれる人の多くは、他人のためのお金を出し惜しむのが特徴といえます。たとえば、お世話になっている方へのお礼や友人へのプレゼント、冠婚葬祭に要する出費を出し渋るのは、典型的なケチの行動といえます。

人とのコミュニケーションのために使うお金を出し渋ると、周囲の人にマイナス印象を与え、人間関係にも悪影響が出ますから、これは絶対にタブーです。

ほんとうに節約上手な人は、お金の使い方にメリハリをつけて、周囲を思いやったお金の使い方をするはずです。

ケチな人は、お金を惜しむあまり、自分を成長させるためのお金まで出し渋って、自己投資を怠りがちですが、これも人生には大きなマイナスです。自分を磨く機会や自分の活躍できる世界を狭めてしまっては、結局、高い報酬も望めず、トータルで見ると損になりがちです。

節約上手な人は、ムダな浪費は控えながらも、将来の可能性につながるような自己投資には、潔《いさぎよ》くお金を使うものです。

なによりも大事なのは、自分が満足感や幸せを得られるようなことにお金を使うのは当たり前。**幸せよりもお金のほうが大切になったら、もうケチのボーダラインを越えている**ということでしょう。

そもそも、お金は使ってこそ価値があるものなのですから、貯めこむことにしか興味が湧《わ》かなくなったら要注意です。

定年が近くなると、生活防衛のためと称して預金に励《はげ》み、だんだん人づき合いが悪くなる人もいますが、この時期にそれは絶対避けたいことです。

人間関係が、その後の生活の充実度に直結する年代だからこそ、お金があってもケチだと思われて周囲から孤立したのでは、寂しい老後になってしまうかもしれません。

そうならないためにも、節約をするならあくまでも目標は明確に。節約の最終目標は、上手に貯めたお金を使って幸せになることだということを忘れないでください。

モノを捨てるほど、上質な暮らしが手に入る

簡素で高ぶらない生活の仕方は、だれにとっても最上のものである。
（アインシュタイン）

年齢に関係なく、誰でもすっきりとした家に住みたいと思うものですが、長く住めば住むほど身の回りにはモノがあふれ、だんだん収拾がつかなくなるものです。だからこそ、「断捨離《だんしゃり》」や「親家片《おやかた》」など、片づけのための情報やすっきり暮らすための知恵を多くの人が求める時代になりました。

ただ単にモノを捨てるだけなら誰にでもできますが、片づけたあとに気持ちのいい暮らしをスタートさせるためには、それなりの心構えが必要です。**捨てることはあくまで手段であって、大切なのは、その後に始まる暮らしのクオリティーを高めること**なのです。

上質な暮らしというのは、「少なくても好きなものに囲まれた生活」とか「質のいいものを大切にする生活」と考えられますが、それには「捨てる」を抜きにできませ

ん。そういう意味では、捨てるのは次の段階にステップアップするために越えなければならない、ひとつのハードルともいえるでしょう。

看護師のSさんは長年の一人暮らしのあいだにモノがどんどん増えて、自分の寝る場所さえモノが迫っていることに、ある日気がつきました。

ほんとうならここで、「不要なものは捨てて、すっきりしよう」と思うべきだったのですが、「この部屋じゃ手狭《てぜま》だから、もう少し広い部屋に引っ越そう」と考え、大荷物を持って広い物件に引っ越しをしました。

しかし、仕事の忙しさからなかなか家の整理ができず、増えたそのスペースに、梱《こん》包《ぽう》したままの荷物を積んでいるそうです。それでは引っ越した意味がないのではないかと思うのですが、Sさんいわく、「気に入ったものを捨てるのは忍《しの》びない」とのこと。

Sさんのように、手狭になったら収納スペースを増やせばいいと考える人は少なくありません。しかし、そういう思考の人は、どんなに収納スペースを増やしても、決してすっきりした生活は実践できないでしょう。なぜなら、「収納があるから」と安心して、またモノを増やしてしまうからです。

これは、大きなサイズの服ばかり買うと、安心してどんどん太ってしまうようなもの。「収納スペースが多ければすべて解決する」という甘い認識を捨てるところから始めましょう。

少しだけ持ち、大切に使うのがいちばん

節度ある生活の最大の成果は自由である。
（エピクロス）

上質な暮らしをめざそうと思ったら、持つものもしっかりと選別することが必要です。上質なものをたくさん持つのはただの贅沢《ぜいたく》に見えますから、ほんとうにいいものを少しだけ持って大事に使うのが基本です。

そして、**毎日使いたくなるもの、使うのが楽しいものしか持たないようにする**こと。こうすれば、自然とまわりの品も数少なくなり、全体として暮らしはシンプルになっていきます。

暮らしに必要なものが少なくなれば、品物一つひとつに対する愛着も深まり、長く大切に使おうという気持ちも育まれます。

それと同時に、ほんとうに気に入ったものや自分の感性に合うものを選ぶ選択眼も磨かれますから、自然とセンスもよくなっていくはずです。

自分の暮らしや持ち物に愛情が持てないのは、そこに妥協があるからではないでしょうか。

たとえば、結婚式の引き出物でいただいた食器や、セールで安く手に入れた日用品など、身近にあった品を「まあこれでもいいか」という基準で使っていると、「いいものだけを身の回りに置きたい」という理想からはどんどん離れていってしまいます。

こうした妥協の結果、満足できないアイテムに囲まれて暮らしていると、品物に対する愛情は薄れ、次々に買い替えたり雑に扱ったりして、上質な暮らしはなかなか実現できません。

ですから、**使うものはほんとうに気に入ったものを最小限にして、必要ないものは持たない**こと。

言ってみれば単純なことですが、「これが好き」「これを持っていると楽しく感じる」という品だけでまわりを固めれば、必然的に暮らしはシンプルになるのです。

ファッション雑誌で特集されるような住まいは、たいていこだわりのあるハイクオリティなものですが、そこに置いてあるアイテムはとことん選び抜いたものだけで、妥協の余地がありません。

もちろん経済性も考えると、パーフェクトに憧れの生活スタイルを実現するのは難しいでしょうが、せめて「気に入らないものを、妥協して使わない」という一点だけを譲《ゆず》らなければ、かなり素敵な暮らしに近づけるのではないでしょうか。

気に入ったものは高価なものとはかぎりませんから、たとえお金をかけなくても自分の感性にぴったりの暮らしはできるはずです。

好きなものを少しだけ持って、大切に使い、捨てない生活こそ、心ときめく上質な暮らしではないでしょうか。

目標は「ゆるく設定する」ほうがいい

余り考え過ごす者は何事をも成し得ない。

（シラー）


勤勉で真面目な人が多い日本人は、なにをするにも一生懸命。やり始めたら目的に向かって、わき目もふらず努力する人が多いものです。

ところが五〇歳を越えると、体力も気力もだんだん下降気味になり、そこであまり張り切りすぎるとスタミナ切れになって、途中で投げ出すようになりかねません。

節約にしても、シンプルな暮らしぶりについても、息の長いスタンスで続けることに意味があるのですから、一過性のイベントに終わらせてしまっては、意味がありません。

若い頃ならともかく、中高年になったら**結果を追いかけることだけに目を向けず、そのプロセスを楽しめばそれで十分と考えればいい**のではないでしょうか。

高い目的を持つのはいいのですが、あまりストイックになるのは考えものです。いちいち「今日は無駄使いをしてしまった」「センスのないものを買ってしまった」などと悩んでいたのでは、すぐに疲れてしまいます。

ある程度の年齢になったら、自分には少し甘いくらいでちょうどいいのです。

「そのうち目標をクリアできればラッキー」という程度にゆるく目標を設定しておくほうが気持ちがラクになり、結果として長続きします。

わざわざハードモードでチャレンジするより、最初はイージーモードで始めて、慣れたらだんだん設定を上げていけばいいでしょう。

ただ、「できるときだけでもいい」「無理をしなくてもいい」と、設定をゆるくすると、それに甘えて怠け癖《ぐせ》が出てくる人も少なくありません。これを防止するには、なにかの励《はげ》みを与えるのがいちばん効果的です。

ある中年男性は、節約やスポーツなどで満足のいくレベルに達したら、趣味の釣り道具を一つずつ買い足すというおまけをつけたところ、やる気が増したということですから、なかなか効果はありそうです。

ゆったりと自分のペースを守るのがなによりも大事なこと。

「お隣の○○さんは資格を取るために毎日三時間は勉強しているんですって」

「お前のやり方じゃなかなか体重は減らないだろう。もっとがんばったら?」

こんな外野席の声は聞かなかったことにして、マイペースを守り続けるのが、目標クリアのための近道といえるでしょう。

あれこれ人と比べるから、心が暗くなる

みんなちがって、みんないい。
（金子みすゞ）

人間にとっては、競争心やライバル心がやる気の原動力となり、良い結果をもたらすことがあります。とくに若い頃は、「あいつにだけは負けない！」「彼女よりもっと輝きたい」というギラギラした気持ちをパワーにして、努力を重ね、栄光を摑《つか》んだ人もいるはずです。

しかし、ある程度の年齢になっても、自分を誰かと比べる癖が残っているようなら、それは改めたほうがいいでしょう。

とくに、**嫉妬《しっと》や妬《ねた》みは散財につながることがあります**。「あの人が買ったから」と同じ商品を手に入れようとするなど、つまらぬ気持ちは早く手放してしまいましょう。それが、充実した人生を手に入れる近道だからです。

ところが厄介《やっかい》なことに、人間は歳を重ねるほどに、ひがみややっかみといった気持ちが強くなりがちです。

たとえば、五〇代ともなると、自分の現在や将来が、ある程度見えてきます。「いつかは自分も……」というわけにはいかないと、認めざるを得ない状況もあるでしょう。そんなとき、つい他人と自分の暮らしぶりを比較して、嫉妬の炎をじりじりと燃やしたりしてしまうのです。

「隣の家は、毎年、家族で海外旅行に行っているのよ。うらやましいわね」

「うちの子はまだ内定ももらっていないのに、あちらの息子さんは、もう第一希望の会社への就職が決まったんですって」

といった話は、いたるところで聞かれます。

普通、年齢を重ねれば感情の起伏《きふく》が小さくなって、温厚になると思われがちですが、自分自身の心をコントロールする方法を身につけておかなければ、歳をとってからも心の葛藤《かっとう》は続きます。

しかし、**他人との比較で自尊心を傷つけたり、意味のない優越感で自己満足をしても空《むな》しいだけで、なにも得るものはありません。**「人は人、自分は自分」と決めて、頭を切り替えるほうが賢明でしょう。

どうしても他人が気になる人は、積極的に無関心を心がけましょう。よくよく考えてみれば、他人の家がたくさん貯金を持っていようが、子どもが優良企業に就職しようが、こちらの生活になにも影響はありません。

関心を持とうが持つまいが、他人の人生も、自分の人生も変わらないのです。そう考えれば、意外とあっさり無関心になれるものです。

たとえば、週刊誌のゴシップ記事も、読まなければまるで気にならないのと同じで、「人は人、自分は自分」を貫けば、心が驚くほど軽くなります。

こうして気持ちをすっきりと整理したら、

もう余計な関心も嫉妬も捨てて、マイペースでわが道を歩いていくだけです。

もちろん、それでも他人の芝生が青く見えてしまうことがあるかもしれませんが、よく考えれば、**人間の境遇《きょうぐう》など、いつどうなるものかわからず、誰もが「明日は我が身」なのです。**

それがわかれば、あとは自分の境遇を肯定して、のんびりいけばいいわけです。

言い尽くされた言葉ですが、「上を見ても、下を見てもキリがない」と理解できれば、他人との比較がどんなに意味のないことか、よくわかりますね。

あるフランス人に「日本人は世間体を気にする」という話をしたら、「それなら、あなたが困ったとき、世間はあなたをどのように助けてくれるのですか?」と聞かれ、返事に困ったことがあります。どうですか。他人の暮らしを気にしたり、自分と比べたりしてもいいことはなにもありませんね。

老後は、他人の生活に干渉せず、マイペースで自由に暮らすことを基本にするべきだと思います。

欲を整理できる人は、幸せ上手

私を少なくし、欲を寡くせよ。
（老子）

仏教では、人間の欲は大きく分けて五通りあるとしています。

・おいしいものをたくさん食べたい「**食欲**」
・お金がたくさん欲しい、損をしたくないという「**財欲**」
・性欲に対する欲求の「**色欲**」
・偉いと思われたい、認められたいという「**名誉欲**」
・ラクをしたい、面倒なことは避けたいという「**睡眠欲**」

これが仏教でいう「五欲」です。どれも人間にとって当たり前のものですが、とくに際限がないのが、財欲ではないでしょうか。

「年収がいくらあれば、あなたは安心ですか？」という問いに対し、多くの人が、現在の年収の倍と答えたという話を聞きました。たとえば、年収三〇〇万円の人なら六〇〇万円欲しがり、年収一〇〇〇万円の人なら、二〇〇〇〇万円欲しがるというわけです。

貯蓄にも同じことがいえるでしょう。つまり、どんなにお金を持っていたとしても「これで絶対に安心!」ということはなく、際限なく欲しくなる、持たないと安心できないのが、お金なのです。

では、財欲に対して、仏教ではどんな教えを説いているのでしょうか。

日本を代表する名刹《めいさつ》、京都の龍安寺《りょうあんじ》には、仏教の教えを象徴する「知足の蹲踞《つくばい》」があります。

蹲踞とは、茶室に招かれた客が手を清める石の手水鉢《ちょうずばち》のことで、この蹲踞の中央には四角い切り込みがあり、そこに水がたたえられています。そして、その水を取り囲むように、時計回りで「五」「隹」「疋」「矢」という四文字が記されていますが、中央の切り込みの部分を「口」というへんやつくりに見立てると、「吾唯足知《われただたるをしる》」と読むことができます。

これは、「**身のほどをわきまえ、むやみに欲しがらない**」という意味になります。

もう少し広く解釈するのなら、「身の丈にあった生き方を受け入れること、欲を出して背伸びした生活をしないことが、人間にとって大切だ」と考えられるのではないでしょうか。

また、釈迦《しやか》の教えには、「足ることを知る者には、貧しくても実は豊かであり、どんなに財があっても、欲が多ければその人は貧しい」という言葉もあります。

現役からの引退が見えてくるのが五〇代。年々強くなる財欲に振り回されていたのでは心の平穏は訪れません。いま持っているものに対して「足りないけれど我慢《がまん》する」のではなく、「これだけあれば十分」と気持ちを切り替えれば、おのずと穏やかな気持ちになれるのではないでしょうか。

禅の心に触れて、よけいなものをそぎ落とす

おろかなる者は思ふ事おほし。
（松尾芭蕉）

いま、宿坊《しゅくぼう》が人気です。宿坊とは、本来は寺院で僧侶が生活する場所のことでしたが、のちに寺院に参詣《さんけい》した人も宿泊させるようになりました。場所が寺院のなかというだけで、旅館並みのもてなしをするところもあれば、座禅や写経《しゃきょう》、朝の勤行《ごんぎょう》など本格的な修行を体験できる宿坊もあります。

私の知っているフリーライターのRさんは、老境《ろうきょう》に入る前に「一度禅寺で修行をしてみたい！」という気持ちになり、福井県にある永平寺《えいへいじ》にこもったことがあります。さまざまな不安を持ちながら人生の後半を生き抜いていくために、心静かに自分と向き合い、ほんとうに大切なことはなにかを禅の修行を通して体得したいという気持ちがあったからだそうです。

永平寺はいまから約七七〇年前に道元《どうげん》禅師によって開創された出家参禅の道場。奥

深い山のなかには大小七〇余りの楼閣《ろうかく》が立ち並び、現在も常に二〇〇人以上の修行僧が日夜修行に励んでいます。

そこで選んだのは三泊四日の参籠《さんろう》。日々のスケジュールは、朝三時半に起床し、四時から座禅、続けて朝の勤行、そして入浴後に朝食。そのほか、庭や宿坊の掃除、便所の清掃など、ひたすら作務《さむ》をおこないます。

食事はもちろん簡素なもので、朝は粥《かゆ》と漬物、昼は一汁一菜《いちじゅういっさい》、夕食はその日の残り物を入れた雑炊と煮物と漬物。それらを残さずきれいにいただくのです。

Rさんの参籠は、もちろん修行僧とはまったく別のものですが、それでもテレビも音楽もなく、食事を含めて一つひとつの作業を丁寧に心を込めておこなっていると、**「人間にとってほんとうに必要なものはそれほど多くない」**と身にしみて感じたそうです。

「すべての欲を捨てて出家しようとは思わなかったが、この体験で、いかに自分が多くのことを望みすぎていたか、そぎ落とすべき欲望がたくさんあるかがわかった。老後のお金の心配が一切なくなったわけではないけれど、なるようになる、と考えられるようになった」と、参籠を振り返ってしみじみと語ってくれました。

最近では、旅行代理店でも宿坊プランを数多く取り扱っています。また寺院のホームページから申し込みもできます。日常から離れて精神世界に触れることで、モノやお金に振り回されない生き方を見つけられるかもしれません。

お金があってもなくても、人生は素晴らしい

下を向いていたら、虹を見つけることはできないよ。
（チャップリン）

山高帽《やまたかぼう》にちょび髭《ひげ》のユーモラスなスタイルで、人間味あふれる笑いを提供してくれた喜劇王チャールズ・チャップリンは、日本でも多くのファンを持っています。

そのチャップリンは名作『ライムライト』のなかで「**人生は恐れなければとても素晴らしいものなんだよ。人生に必要なもの、それは勇気と想像力、そして少しのお金だ**」という名言を残しています。それは波乱万丈《はらんばんじょう》の人生で、彼が得た、お金に対する考え方なのでしょう。

一八八九年、英国のロンドンに生まれたチャップリンは、幼いころに、歌手だった

両親が離婚。五歳で初舞台を踏んでからは幼い身で生活を支えていたものの、母が精神に異常をきたしてからは、孤児院や貧民院を転々とする暮らしが続き、極貧の毎日を過ごします。

その後、名門劇団に入団して映画デビューを果たし、スターの座を獲得すると、自ら映画をプロデュースし、作、演出、主演、音楽まですべてを手掛ける多彩な才能で、世界のエンターテイナーとして大成功を収めます。

しかし、多くの名声を得たあとも浪費を戒《いまし》め、決して贅沢はしなかったといわれています。

彼はまた「私が孤児院にいたとき、腹をすかせて街をうろついて食いものをあさっていても、自分では世界一の大役者ぐらいのつもりでいた」と言っていますが、お金はなくても心豊かに生きる術《すべ》は、子どもの頃から身につけていたのかもしれません。

晩年はスイスで穏やかな日を送り、家族に看取《みと》られて八八年間の波乱に富んだ人生を終えました。お金に関しては、人生のなかで天国と地獄を見たチャップリンでしたが、彼の正義感と反骨精神は一生健在で、お金のために意見を曲げたり、権力に屈することはありませんでした。

彼が後世に残る名作『独裁者』を作ったのは五〇歳のときでしたが、そこには彼の生涯を貫く「愛と平和へのメッセージ」が込められています。

見るたびに胸が温かくなる彼の作品から、「お金で買えない幸せ」「お金よりも心を豊かにしてくれる笑い」という大きなテーマを読み取って、時には老後の価値観を見直してみるのもいいかもしれません。

第2章

老後の健康にお金をかけない

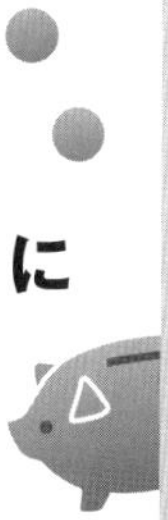

ほったらかすほど、後が怖い

健康は第一の富である。
（エマーソン）

会社勤務の人のほとんどは、毎日駅まで歩くのが当たり前なら、通勤ラッシュにもまれるのも、取引先に足を運ぶのも当たり前でしょう。とくに意識していなくても、自然と体を動かす機会は多いはずです。

ところが、**五〇歳くらいから運動量は激減します**。「すっかり体がなまってしまって、皮下脂肪《ひかしぼう》がたまるばかり」という悩みも、あちこちで聞かれます。

「若い頃と違って、最近はなにをやっても痩《や》せない」

「少しずつ体重は増え続けて、いまでは二〜三年前の服も着られません。とくに食べ過ぎてはいないのに、これが中年太りでしょうか」

とくに、女性にはこうした悩みを訴える人が多いのですが、誰でも年々消費エネルギーは減っていくのですから、これも当然のことといえますね。

Ａさんも、若い頃はスリムな体型が自慢で、「いくら食べても太らない体質」だと思っていたそうですが、四〇歳を過ぎてから徐々に体重が増えはじめ、五〇歳に近づく頃にはかなりのポッチャリ体型に。

「時々ダイエットをして二キロくらいは体重が落ちるんですが、その後、リバウンドで前より太ってしまって、結局は無駄な努力に終わるんです。もう最近ではあきらめの心境です」

そう冗談交じりに話すのですが、よく話を聞いてみると、若い頃といちばん変わったのは、運動量でした。

高校時代はテニス部の副部長をするほどのスポーツウーマンだったのですが、結婚をして子どもができてからは、だんだん運動とは無縁になりました。

近年は、通勤も、近くのスーパーに行くのも、すべて車まかせで、歩く量もごくわずかだといいますから、肥満の原因がここにあるのは、ほぼ間違いなさそうです。

ところが、たいていの人は「運動不足なんて、その気になったらいつでも解消できるはず。そんなに心配することでもない」と、楽観的に考えているのではないでしょうか。

しばらく運動不足が続いたからといって、すぐに健康を害するわけでも、深刻な問題が起きるわけでもありません。でも、長いあいだに染みついた生活習慣や日常の癖《くせ》は、いざ変えようと思っても、そう簡単に変えられません。

よくある例ですが、日本の会社員で多いのが、休日はゆっくり眠って、できるだけ体を休め、十分に休息を取ろうというタイプ。運動や外出も控《ひか》え、ひたすらのんびりとストレス解消に努める人も少なくないでしょう。

ただ、こういう生活習慣が長年続くと、体もこの生活リズムに慣れて、「休日は動かない」というサイクルが身についているかもしれません。

それでも、在職中で否応なしに仕事で体を動かしているあいだはいいのですが、定年を迎えると、毎日が休日になります。

もし五〇代でなんの準備もせず、体を動かす習慣のないままの日々が続いたらどうでしょう。体も心も老後の用意ができていないのですから、たちまち運動不足が慢性化し、糖尿病など生活習慣病に対するリスクも、ぐんと高まるのは間違いないでしょう。

糖尿病になって入院すると平均入院日数は一五・七日で、**一日あたりの医療費は三**

万四二一七円もかかります（全日本病院協会HPより）。自分で負担するのはその一部とはいっても、抑えられるはずの出費ではないでしょうか。

やはり、五〇代になったら、自分の運動量を毎日把握し、きちんとコントロールする習慣をつけることが大切なのです。

年齢とともに、一日の運動量をチェックする

人生にとって健康は目的ではない。しかし最初の条件なのである。
（武者小路実篤）

よほど体調の悪いときでないかぎりは、休みでも少しは体を動かしたいもの。とくにハードな運動をする必要はありませんが、散歩やスロージョギング、簡単な筋トレやヨガ、ストレッチ、スクワットといった定番メニューを何種類かこなすだけでいいと思います。

むしろ大事なのは、「今日は体を動かさなかったから、なんとなく物足りない」とか、「少しでも運動しないと気分がすっきりしない」という感覚を体感として覚え込むこ

とです。そのためには、毎日意識して、自分の運動量を確認することが肝心です。

メモや記録に残さなくても、お風呂に入ったときや寝る前に「今日はどのくらい体を動かしたか」を、チェックするだけで大丈夫です。

ただ、真面目な人ほど完璧な運動量を求めすぎ、ともすれば「今日は十分に運動をこなせなかった」とか、「今日はついサボってしまった」とか、自分を責めてしまうことが多いのですが、これではかえって逆効果です。

あまり高いハードルを設けると、「ゆるく、長く」という中年以降の運動ポリシーから外れてしまいますから、ハードルはできるだけ低く、越えやすく設定するのがポイントです。

「毎日一時間はジョギングする」というような計画を作るのもいいのですが、雨の日が続いたり、風邪《かぜ》をひいてしまったりすると、意気込みに反して計画倒れに終わる場合もありますから、計画はあくまで臨機応変に。

雨で散歩に行けなかったら、マンションの階段を上り下りしたり、汗ばむまで四股《しこ》を踏んだり、すぐにできる代替《だいたい》プランを用意しておけばいいだけです。

「運動は大嫌い」という人もいるでしょうが、五〇歳を過ぎると、いわゆる「ロコモーティブ・シンドローム」といって、運動器の障害が影響して「要介護になるリスク」が高くなることが知られています。

いつまでも健康で軽やかに生きたいと思ったら、やはりセルフコントロールは不可欠ですから、そのスタートラインは、なるべく早めにしましょう。

五〇歳あたりから始めれば、出足は十分ですから、まずは簡単な運動量チェックをしてみましょう。

「一日動かないでいると気持ちが悪いな」

こんな言葉がつい口から出るようになれば、暮らしの健康指数は申し分なしです。

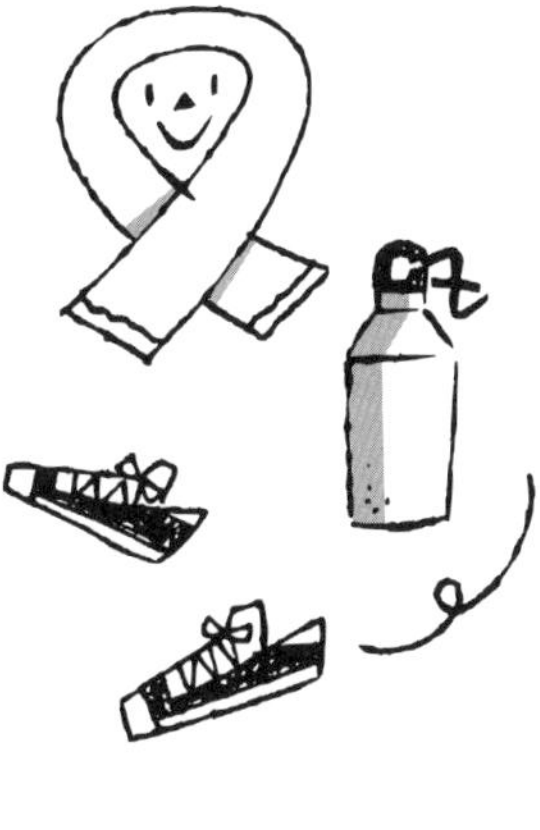

肉より蕎麦の生活が「血糖値を上げる」

知って行わざるは知らざるに同じ。（貝原益軒）

糖尿病になる人は年齢とともに増加し、しかも自覚症状がほとんどないまま、さまざまな合併症《がっぺいしょう》を起こしてしまいます。しかし、食べ物のカロリーに気を配ったり、油の摂り過ぎに注意している人は多くても、これまで、糖質の量はあまり意識していなかったという人が多いのではないでしょうか。

ざる蕎麦《そば》と豚肉の生姜《しょうが》焼きという二つのメニューがあったとして、どちらが血糖値を上げるか、おわかりですか。

血糖値を上げる主な要因は糖質（炭水化物）ですから、二つの糖質量を比べてみましょう。すると、生蕎麦は一〇〇グラムで五一・八グラム、豚肩ロースは一〇〇グラムで〇・一グラムです。一見すると、淡泊《たんぱく》でいかにもヘルシーなのですが、実際には蕎麦の糖質はなんと豚肉の五一八倍。

米、パン、うどんや蕎麦などの麺類といった穀物ベースの食べ物は軒並《のきな》み高糖質で、それに対して、**肉、魚、卵、チーズといった動物性たんぱく質を多く含む食品の糖質はごくわずかです**。

このような知識を頭に入れて、栄養バランスを考えながら、糖質に気をつけた食生活にシフトすれば、健康的な体質を手に入れることは可能ですから、これまでのカロリー神話から少し離れて、新しいヘルシーライフに挑戦してみてはどうでしょうか。

では、家で料理をする場合やスーパーで食品を買う場合、どのように糖質をコントロールすればいいのか、その注意点を確認しておきましょう。

商店で売られている食品のほとんどには栄養成分が表示されているはずですが、食品のパッケージの裏や側面に貼られているこの表が、大事なポイントになります。表には、一袋あたり、またはグラムあたりのカロリー、炭水化物、糖質、脂質、たんぱく質の量などが表示されているので、これを見て、食品を選ぶ参考にします。

食品の栄養成分表では、炭水化物で表示しているものと糖質で表示しているものがあり、ちょっとわかりにくいのですが、糖質が書かれていないときは、炭水化物の量を見るとだいたいの糖質量がわかります。

そして、糖質量の計算方法は「**糖質＝炭水化物－食物繊維**」と覚えてください。

インターネットのサイトでも、「糖質グラムカウンター」や食品の糖質量を計算してくれる「カーボカウンター」「食品成分表」など、役に立つデータが無料で見られますから、利用するのもいいでしょう。

このように、食品を選ぶときには必ず栄養成分表を確認するという習慣が、糖尿病にならない生活を実現する近道だといえます。

たんぱく質を摂らない人は、老けやすい

四〇歳は青年の老年期であり、五〇歳は老年の青年期である。
（ユーゴー）

いつまでも若々しさを保って元気に暮らすためには、健康な腸内環境や十分な骨量、精神的な若さ、鍛えた運動能力など、いろいろな要素が求められますが、もうひとつ大切なのは、元気に生きようとする気力ではないでしょうか。

ところが、歳を重ねるごとに若い頃のような意欲がなくなって、「なんとなくやる

気が出ない」「なにかを始めるモチベーションが起こらない」という思いを抱く人が多くなってきます。

ともすれば自分で「歳のせい」と片づけてしまうこの「気力のなさ」現象ですが、実は、それは脳の老化が原因で起こっているのかもしれないのです。

やる気や意欲は気分の問題だと思われがちですが、実際には脳がコントロールする領域だからです。

なにに対しても興味が湧《わ》かなかったり、仕事や趣味に対するやる気がなくなったりするのは、脳の機能が低下しているからかもしれません。

生きる意欲や、やる気を高める働きはド

ーパミンが担っていて、**脳にドーパミンが足りていれば気持ちも意欲的になりますが、不足するとやる気が起きなくなってしまいます。**

そこで、ドーパミンを増やすには、どうすればいいかというと、まずはドーパミンの主原料となるたんぱく質を十分に摂ることが必要です。

ところが、老化を意識する年齢になると、肉類をあまり食べない人が多くなり、良質のたんぱく質が不足した状態になりがちです。

しかし、肉類や魚類を食べるのが、もっとも効率のよい方法ですから、カロリーや脂質のことも考えながら上手にたんぱく質を摂るようにしてください。

また、ドーパミンをはじめ、脳内の神経伝達物質の合成には、さまざまな栄養がかかわっています。たんぱく質と同時にそれらの栄養も摂っていくことが大切です。

たとえば、ビタミンB_{12}には脳の血流をよくしたり、脳神経の働きを改善する作用があり、動脈硬化の原因となるホモシステインや活性酸素を除去する働きも持っています。

現在六〇歳以上の人の約二〇パーセントがビタミンB_{12}不足だともいわれていますから、魚介類やレバーなど、ビタミンB_{12}の多い食品も積極的に摂りたいものです。

肉や魚が苦手という人もいるでしょうが、そういう人は、アミノ酸をたくさん含む食品を摂るよう心がけましょう。

アミノ酸の一種であるチロシンは、ドーパミンを増やす効果がありますから、チロシンを多く含む納豆やバナナ、アボカド、アーモンド、鰹《かつお》などの食品はおすすめです。

また、緑茶に含まれるテアニンもドーパミンの量を増やしてくれるので、一日に何度か少しぬるめの緑茶を飲んでください。

また、飲み過ぎはいけませんが、適度なアルコールでリラックスするのもドーパミンを増やす効果があります。時々は、ゆっくり時間をかけて、好きなお酒を楽しむのもいいでしょう。

そして、もうひとつ忘れてならないのは、歳とともに衰える筋力を維持するために、たんぱく質が不可欠な点です。

加齢によって筋力が落ちると、筋肉から生み出される熱量が十分につくられず、そのぶん、体温が下がりますから、結果的には免疫力が下がることになってしまいます。

ですから、アンチエイジングを考えるなら、筋肉を痩《や》せさせないのが重要なポイント。とくに**人の筋肉の七〇パーセント以上を占める腰から下を鍛えることが大切です。**

しかも、大腿部《だいたいぶ》の太い筋肉を刺激すると、それに対応して脳が刺激されるという報告もありますから、日頃から意識して「第二の心臓」といわれる脚の筋肉を鍛えたいものです。

長く若さを保つには、たんぱく質を十分摂ることと、しっかり筋力を鍛えるという二大ポイントを忘れないようにしましょう。

毎日フランス料理を食べても太らない

すべてのものには、学ぶべきことがある。
（ヘレン・ケラー）

フランス料理といって思い浮かぶのは、バターたっぷりのソースを使った料理や濃厚なチーズ、甘いスイーツ、クロワッサンなど、高カロリー・高脂肪なものではありませんか。

でも、外見を見るかぎり、フランス人はとてもスマートで、メタボな印象は受けません。とくにフランス人女性は、このようにリッチな料理を食べているのに、すらりとスリムな体型をキープしているように思えます。

では、彼女たちが太らないその理由はなんなのか、そのライフスタイルについて考えてみましょう。

東京生まれでフランス在住のスタイリストのAさんによれば、「それは、フランス女性が**食べ物の品質にこだわって、『お腹が膨れればなんでもいい』といった食べ方をしないから**」だそうです。

彼女たちにとっては、「食事は空腹を満たすもの」ではありません。「食事は家族や恋人、友人と楽しい時間を過ごすためのもの」と考えて、できるだけたっぷり時間をかけてディナーを楽しみます。

こうして会話を楽しみながら、ワインとともにゆっくりと食事をすると、すぐに満腹中枢《ちゆうすう》が刺激されて、つい食べ過ぎてしまうことも少ないようです。

また、フランス女性が大好きなチーズは高タンパクで満腹感を得やすく、食べ過ぎを防ぐ働きがありますから、これもスリムな体型を維持するのに役立っているのだとか。

高脂肪で太りそうなチーズも糖質は少なく、豊富に含まれているビタミンB群が脂肪の代謝を高めてくれるので、かえって肥満を防ぐ効果があるというのです。

そして、彼女たちは新鮮で品質のいい旬の素材を選んで食べることにこだわって、ジャンクフードや質の悪い食べ物を「私たちが食べるものじゃない」と、頑固《がんこ》に拒む傾向があります。

一般にパリジェンヌの考え方は、モダンというよりむしろ保守的で、昔から家に伝わるローカルフードの伝統を大事にし、手をかけたヘルシーな料理をいちばんのごちそうと考えているようです。

確かにフランス人女性はケーキやチョコレートが大好きで、スイーツもよく食べますが、それをドカッと食べることはなく、少しずつ味わって食べるのだといいます。

いわば、フランス人の望む食習慣は、日本の懐石料理のように、**ほんとうにいいものだけを吟味して、「量より質」でいただくスタイル**。食べ過ぎず、太らない食生活のコツも、そこにあるのかもしれません。

「一日三食」を守らなくても生きていける

肉感の中で一番すがすがしい快楽は空腹感である。
（内田百閒）

「一日三食をきちんと食べる」というのは、当たり前のこととされていて、たいていの人は朝どんなに食欲がなくても「ちゃんとご飯を食べなさい」という母親の言葉に従って朝食をとり、風邪《かぜ》気味でなにも食べたくないときも食事をするという習慣を守り続けてきたのではないでしょうか。

そのため、一日三食という習慣は、ほとんど強迫観念のように染みついて、「食べないと体を壊す」「食べないと力が出ない」という概念さえ定着しているように見えます。

では、日本人はいつから一日三食を習慣にしたのか、ちょっと振り返ってみましょう。

実は、**江戸時代まで、一般的な日本人は、一日二食で暮らしていました。**それが一日三食の習慣に変わったのは、江戸時代に幕府が全国から大工や職人を江戸に集め、一日中仕事をさせたことが原因でした。

重労働をするのに朝食と夕食だけでは体力がもたないということで、昼にも食事をする習慣が生まれ、やがてそれが社会全体に広がっていったというのが定説のようです。

しかし、日本人のライフスタイルは、当時に比べると大きく変化し、とくに第二次世界大戦後は働く人の消費エネルギーが大幅に減ることになりました。頭脳労働が増えたことで運動量は昔と比べると格段に減ってしまい、それにともなって必要とする栄養量も減りました。

このような時代背景を考えると「一日三食食べないと栄養が足りない」とする説には説得力がなくなり、いまの時代に合った食生活や個々の事情に合った食習慣を考える必要があるのかもしれません。

まして、定年をはさんで生活スタイルの変わる五〇歳過ぎの人は、自分に合った食生活を見直す時期に入ってくるでしょう。

在職中は一日三度、きっちり食事をしていた人も、ずっと同じペースで食べ続ければ、糖質やカロリーの摂り過ぎになるかもしれません。勤めに出なくなると、エネルギー消費はずっと少なくなりますから、**在職中と同じ食生活を続けていては、過食になってしまいます。**

ですから、そのときの生活事情に合わせて、食事の仕方も自分流にアレンジするほうがいいでしょう。食欲のないときに無理をして食べる必要もなければ、時間どおりに三食摂ることもありません。

「一日三食」という決まりに縛られず、自分の体の声に耳を傾けながら、自由に食生活を楽しんでみてください。

猫背を治すと、老化も止まる

明日は明日、今日だけはダメと怠け者はみんな言う。
（ヴァイロ）

人の年齢は、歩く姿にも表れるといいますが、確かにその通りで、たとえ顔は見えなくても、歩く姿を遠くから見ているだけで、その人が若いのか歳をとっているのかはわかるものです。

とくに、背中の曲がった猫背は、老けてみえるばかりでなく、老化を早める危険性もあり、注意が必要です。

猫背は、大胸筋《だいきょうきん》と背中の筋肉のバランスがとれていないことが原因で起こることが多く、そのままにしておくと、ますます背中が曲がっていきます。これらの筋肉は、普段からよく使う筋肉ではないので、弱くなりやすく、年齢とともに猫背が目立つようになってしまうのです。

普段なかなか意識して使うことのない筋肉は「体位性活動筋」と呼ばれ、弱るのも早く、これを放っておくと、肩こりや神経痛を引き起こし、体の機能にも悪影響を与えます。

こうした姿勢で体が前屈《まえかが》みになると、頸椎《けいつい》が前傾し、見た目もますます年寄りじみて見えます。さらに、**肩や首、胸などの筋肉は、顔の表情筋とも連動していて、これらの筋肉が活発に動かないと、表情も鈍《にぶ》くなってしまいます。**

こうなると姿勢ばかりでなく、顔まで老けて見えて、それが心の張りや若さをなくす原因にもなりかねません。

さらに、猫背の姿勢は見た目に悪いだけでなく、胸郭《きょうかく》を狭めて呼吸を浅くさせ、取り込む酸素の量を減らすこともあるのです。

猫背が内臓の老化にまでつながるなんて、ちょっと意外かもしれませんが、筋肉は鍛えないと、どんどん退化するもの。日頃から意識的に大胸筋や背中の筋肉を鍛えて、体全体のバランスを整える必要があります。

シャンと背筋の伸びたキレイな姿勢でいることは、美しく見えるばかりでなく、健康を支えることになりますから、とにかく日頃から常に「背中」を意識してください。

歩くときはもちろん、パソコンや事務作業をしているときも、気がついたら背筋を伸ばすよう意識しましょう。

できれば、背中が曲がらないよう、一時間に一度はストレッチしたいもの。胸を大きく広げて伸びをしたり、肩甲骨《けんこうこつ》を背中の真ん中に寄せたり広げたりする運動をまめにするといいでしょう。

また、壁に向かって両手を突き、立ったままで腕たて伏せの動作をするのも、とても効果的なトレーニング法です。

ちょっと疲れたなと思ったら、すぐにストレッチをする習慣をつけておくと、肩こりからも解放され、美しい姿勢も手に入れることができて、まさに一石二鳥です。

背中の筋肉が衰えると、歩くときにも背中が丸まっていきますから、歩くときは胸を張って肩甲骨を寄せながら、颯爽《さっそう》と大股で歩きましょう。ただ、腰を前に反《そ》らすと腰に負担がかかるので、注意してください。

「筋肉は一日にしてつかず」で、すぐに効果は表れないかもしれませんが、ストレッチを繰り返せば、体は柔軟になり、筋肉もついてきます。

年齢を感じさせない、颯爽とした歩き方や外見をめざすなら、まずは基本の美しい姿勢づくりから始めてみてはいかがでしょう。

下半身の筋肉が、老後の人生を大きく変える

不幸から自由であるということは大なる幸福である。
（シェーファー）

先に説明した通り、人間の筋肉の七〇パーセントは下半身に集中しています。ですから、この部分を鍛えるかどうかで、今後長く若さを保てるかどうかが決まるといっても過言ではないでしょう。

つまり、たくましい下半身の筋肉が老後の健康生活を支える大きなポイント。人生後半をパワフルに生き抜くためには、いかに脚の筋力を鍛えるかがカギになるのです。

ただ、病院に長期間入院した経験がある人ならわかるでしょうが、いくら鍛えた筋肉も、落ちるのはほんとうにあっという間です。しかも、一度落ちた筋肉を再びつけるのは大変なこと。

また、**筋力が少なくなると筋肉から作り出される熱量も少なくなって、そのぶん、体温も下がり、結果として免疫力が下がることにもなってしまいます。**

しかし、喜ばしいことに、筋肉はいくつになっても鍛えることができますから、心配することはありません。

そうなると、「じゃあ、がんばって筋力をつけよう！」「ジムに通ってしっかり筋トレをせねば！」「一日一〇キロランニング！」と、高い目標を掲げたくなりますが、あまり期待が大きすぎると心身の負担が大きくなって、結局長続きしないことに。

そこでおすすめしたいのは、天候に関係なく室内で気楽にできるイージー筋トレです。あまり意気込まず、こま切れでもちょっとした時間を利用して体を動かすことが、無理なく筋力をつけるコツです。

初めからきっちりとしたスケジュールを決めて、ストイックにトレーニングをこなそうとすると、すぐにギブアップということにもなりかねません。ですから、最初は「五分でもやったらOK」くらいの軽い気持ちで、小さな目標をクリアしていくのです。

大きな目標を立てて失敗体験をするよりも、小さな成功体験を積み重ねるほうが、メンタルにもいい影響を与えます。とりあえずは一日一回トレーニングを実行するだけで合格点を出して、あとはそれを習慣にするだけです。

こうして運動することに慣れてきたら、ちょっと近くの公園に出かけたり、散歩がてらに本屋へ立ち寄ったり、だんだん行動範囲を広げていけば、そのぶん楽しみも広がっていくでしょう。

室内トレーニングでおすすめなのは、気軽にできる筋トレとして人気のあるスクワットです。脚を肩幅程度に開いて立ち、手を腰に当てて、膝《ひざ》を曲げながらお尻をゆっくり落としていくのが、基本的なスクワットのやり方です。あまり難しく考えず、姿勢だけは真っ直ぐになるよう気をつけてやれば大丈夫です。

見ただけではあまりハードに見えないスクワットですが、実際には、大腿部《だいたいぶ》にかなりの負荷がかかるため、トレーニング効果も上々。下半身を鍛えるには最適な運動といえます。

こうして地道に体を動かしていると、あるとき、「そういえば最近疲れにくくなったな」「眠りが深くなった」「体が冷えなくなったわ」など、うれしい変化に気づくはずです。

コツコツ単純な筋トレを続けるのは、退屈に見えますが、成果が出るのは意外に早いもの。その成功体験を覚えると、ますます筋力アップが楽しみになってきますから、ぜひトレーニングを続けてください。

電車は「足腰を鍛える」ジムになる

休息はよいことであるが、倦怠はその兄弟である。
（ヴォルテール）

スポーツ界やトレーニングに関する話題で、最近よく耳にするのが「体幹《たいかん》トレーニング」という言葉です。

骨格筋のうち、胴体部分に属する筋肉を総称して体幹筋と呼びます。体幹を鍛えるというと、具体的には腹筋群や背筋群を鍛えるということになります。

体幹は体を支えるもっとも重要な筋肉で、歳をとって体幹が弱くなると、姿勢が悪くなったり、怪我《けが》をしやすくなったりするほか、腰が曲がる原因にもなるといわれています。

体幹は、しっかりと姿勢を保ち、体全体のバランスをとるのが主な役割ですが、胴体の曲げ伸ばしや屈伸《くっしん》の機能もサポートしているので、体幹が弱ると体の動きそのものがスムーズにいかなくなってしまいます。

私たちが走ったり跳ねたりする動的な動きのなかでも、転んだりせず体のバランスがとれるのは、体幹の筋肉が働いて、姿勢を安定させているからです。

ですから、体幹がしっかり安定していれば、転倒などの事故を避けられます。**もし弱っていれば、腰痛やぎっくり腰など腰回りの怪我に見舞われるリスクも増える**というわけですね。

ただ、普段運動に慣れない人が、いきなり体幹トレーニングにチャレンジしようと思っても、それは少しハードルが高そうです。そこで、意外かもしれませんが、ぜひ試してほしいのが、電車をジム代わりにした、体幹トレーニングです。

動いている電車は、右に左に揺れて非常に不安定ですから、たいていは吊り革や手すりにつかまってしまうのですが、トレーニングではどこにもつかまらず、自分の体幹でバランスをとります。

倒れないように体のバランスをとるのは大変ですが、電車が揺れるたびに姿勢を整えるのですから、これほど実践的なトレーニングもありません。

足は肩幅よりやや広く広げて安定させながら、電車の動きに合わせて体のバランスをとれば、体幹が鍛えられて、ジムさながらの効果があるでしょう。

もちろん、急停止や急カーブに備えて、すぐにつかまれるところを確保する必要がありますが、初めは少しの距離から始めて、だんだん時間を延ばしていけば、そのうち足腰も体幹も強くなっていくはず。

混み合った電車に乗っても、すぐに座席の空きを探すのではなく、「乗車時間を有効に生かそう」と思えば、気持ちにも張りが出てきます。

お金もかからず、マイペースで体幹が鍛えられるのですから、電車をジム代わりにすれば、いいことばかり。移動時間を利用しながら、少しずつ年齢に負けない体づくりができる、賢いトレーニング法といえそうです。

ボケない秘訣は、「握力と歩行速度」にある

毎日、自分の嫌いなことを二つずつ行うのは、魂のためによいことだ。（モーム）

「五〇代になってから、人の名前が出てこなくなった」「映像は頭のなかに浮かんでいるのに、その名前が出てこない」などといった声をよく耳にします。いわゆるもの忘れですね。

そうなると、「これって認知症の始まり？」という声を聞きますが、それは違います。たとえば、「朝ごはんになにを食べたか」を忘れてしまうのがもの忘れで、「朝ごはんを食べた」という行為そのものをごっそり忘れてしまうのが認知症。また、もの忘れはヒントや手掛かりがあれば記憶を取り戻せますが、認知症は違います。

ですから、**もの忘れが多くなったからといって、すぐに認知症を心配する必要はありません**。とはいえ、やっぱり気になる認知症。ボケないための秘策があればぜひ知りたいものです。

「歩行速度の遅い高齢者は、速い人に比べて認知症の発症率が一・五倍高い」

「握力の強い高齢者は、脳卒中《のうそっちゅう》のリスクが四二％低下する」

これは、アメリカのボストン医療センターのエリカ・カマルゴ博士らの研究でわかったもので、健康な男女約二四〇〇人（平均年齢六二歳）を対象に一一年間におよぶ追跡調査の結果です。

つまり、歩く速度が速い人、握力の強い人とそうでない人では、認知症や脳卒中の発症率に著しい違いが出るというわけです。

歩く速度は少し意識すれば速められますし、握力もお金をかけずに簡単に鍛えられます。

たとえば、いまなら一〇〇円ショップでハンドグリップのようにバネで握力を鍛える道具が売られていますし、手のひらをグーにしてパッと開く、この運動を繰り返すだけでも握力は手軽に鍛えられます。早歩きと握力アップで認知症や脳卒中を遠ざけましょう。

ふかふかのソファをやめると「腹は凹む」

努力によって得られる習慣のみが善である。（カント）

ぽっこり出た下腹を見ながら「お腹の贅肉《ぜいにく》をなんとかしなければ」「やっぱりダイエットしなければ」とつぶやく人は多いでしょう。

しかし、そういう人にかぎって、時間があればふかふかのソファにゆったりともたれて、のんびり過ごしているのかもしれません。

もちろん、リラックスするのはいいのですが、問題はその姿勢です。ソファのように**座面の低いイスに座って、クッションを背にすると、自然に腰が丸くなって、下腹部が出る姿勢になってしまいます**。この姿勢では骨盤を長いあいだ後傾させることになり、体に悪影響を与えかねないのです。

本来、骨盤は少し前傾しているものですが、ソファに座る習慣がついている人は、だんだん骨盤が後傾するようになってきます。すると、内臓の位置がだんだん下のほうにずれてきて、下腹がぽっこりと出るようになってしまうわけです。

意識している人は少ないかもしれませんが、実は下腹部が出ている原因が、ソファで骨盤が後傾するためだということもありえるのです。ですから、本気でお腹を引き締めようと思ったら、ふかふかのソファに身を預けるような習慣は、やめたほうがいいでしょう。

では、どうすれば骨盤の位置を調整して、お腹をすっきりさせられるかというと、坐骨の上に真っ直ぐ体重を乗せるような姿勢で、骨盤を立てて座ることです。骨盤が前傾して正しい位置にあれば、背骨が真っ直ぐに伸び、下半身のシェイプアップにつながるのです。

こういう姿勢を続ければ、腹筋や背筋、骨盤に沿ったインナーマッスルも徐々に鍛えられ、内臓の位置も修正されていきます。

ただし、適度な固さを持つハードな座面でなければ、正しく骨盤の調整はできませんので、当然、ソファのような柔らかいイスでは無理です。骨盤調整は固めのイスを利用し、**ソファに座るのを一日一時間以内**にできればベストでしょう。

また、寝具も柔らかすぎると体に負担がかかります。ふかふかの布団で体が沈み込みすぎると、背骨のラインが崩れて、かえって疲れることになりますから、適度な固さをキープできる、ほどよいクッションを選ぶようにしましょう。

血管が危ない！　お酒の飲み方をストップ

百薬の長とはいへど、万づの病は酒よりこそ起これ。（吉田兼好）

歳をとると若い頃のような深酒をすることは少なくなりますが、それでも親しい仲間が集まった飲み会などでは、つい羽《は》目《め》を外して、次の日は二日酔いに悩まされるということにもなりかねません。

確かにお酒を飲んでストレスを発散させるのも、時にはいいかもしれません。ただし、定年が近い年齢になると、若い頃とはまた違ったリスクも抱えるようになります。

お酒の飲み過ぎは、睡眠不足と同様に自律神経のバランスを乱し、体調を崩す大きな原因になりますが、肝臓が少し弱った状態では、その影響もさらに大きくなります。

アルコールには交感神経を刺激し、副交感神経を低下させる働きがあり、そうなると血管は収縮した状態になります。そのため、深酒をするとアルコールが体内に長く残り、血管の収縮も長時間続くことになるわけです。

また、アルコールが体内で分解されるときには多くの水分が使われるため、体は脱水状態になります。これがいわゆる二日酔いの症状です。深酒した次の朝、強い喉《のど》の渇きを感じるのも脱水症状の表れです。

この脱水症状は、軽く考えられがちですが、実は私たちの血管や血液に悪影響を与える、とても危険なものなのです。

血管が収縮するだけでも血流は悪くなりますが、そこに飲酒による脱水が加わると、血液はドロドロになり、血流もさらに悪くなってしまいます。このドロドロした血液が、副交感神経の低下により細くなった血管を通ると、血管の内側の膜《まく》が傷つけられ、大きなダメージを受けるわけです。

このような脱水の危険を防ぐのにいちばん簡単で有効な方法は、お酒を飲むときに一緒に同量、または多めの水を飲むことです。この水分によって脱水症状が軽減され、血管のダメージも防ぐことができます。

また、お酒を飲み過ぎると頭が痛くなるという人は、水を飲むと脳の血流不足が改善され、頭痛が防げるという効果も期待できます。

ほかにも、冷たい水を飲むと腸の働きが助けられ、吐き気を防止するというメリットもありますから、水の恩恵は計り知れません。

お酒を飲み過ぎると気持ちが悪くなるという人は、お酒とともに十分なお水を飲んで、脱水の害を減らすようにするといいでしょう。

それでも深酒をしてしまった翌朝に二日酔いに悩まされないためには、朝起き抜けに、コップ一杯の水を飲むことです。体液に近づけるため、少量の自然塩を加えてもいいでしょう。

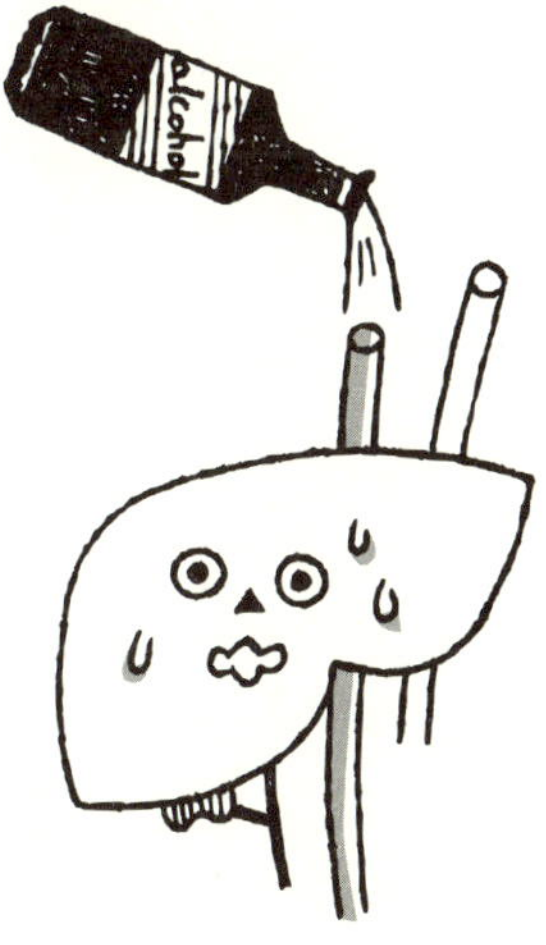

朝食の前に寝覚めの水を飲むことによって、すっかり下がってしまった副交感神経の反応を上げ、自律神経のバランスを整えるというわけです。

朝食によっても副交感神経の働きは上がりますが、飲み過ぎや睡眠不足で自立神経のバランスが崩れているときは、先に水を飲んで神経に刺激を与えたほうが効果的です。

また、時々「酔い覚ましには熱いお風呂に入る」という人がいるようですが、これだけは、絶対にやってはいけません。**お酒を飲んだあとに熱いお風呂に入ると、普段健康な人でも、脳卒中《のうそっちゅう》や心筋梗塞《しんきんこうそく》のリスクが大幅に高まります**。

脱水状態でお風呂に入ると、汗をかいていっそう脱水が進み、血液はもっとドロドロに。こうして粘度が高まり、血流が悪くなると、心筋梗塞や脳血管症の危険が一気に高まるわけです。

とくに四二度を超えるお風呂に長く入ると、非常に血流が悪くなることがわかっていますから、注意してください。

もし飲酒量が少なめで、どうしてもお風呂に入りたい場合は、コップ二杯以上の水を飲んでから、四〇度以下のお湯に入るようにしましょう。これなら脱水の危険が少ないので、心筋梗塞のリスクも避けられるでしょう。

いずれにしても、歳をとってからの深酒は「百害あって一利なし」のことわざどおりですから、くれぐれも注意したいものです。

老後、気になる「ロコモーティブ・シンドローム」

我々は生涯のさまざまな年齢にまったくの新参者としてたどり着く。

（ラ・ロシュフコー）


最近、テレビや雑誌でよく見聞きするのが、「ロコモーティブ・シンドローム」という言葉です。

「ロコモーティブ・シンドローム」、通称「ロコモ」は、日本語で「**運動器症候群**」と訳され、体に備わった運動器の障害によって、日常生活で人や道具の助けが必要な状態か、それに近い状態をいいます。

高齢者のいちばんの心配は、「寝たきりになること」「要介護になること」だという調査結果がありますが、厚生労働省の報告によると、「要支援」「要介護」になる原因の一位は、事故や病気ではなく、実はこの運動器障害なのです。

ですから、できるだけ長く介護を受けず、自立した生活を続けるためにも、ロコモ予防が大切になってきます。

そこで、ロコモとはどういう状態を指し、どうしたら防ぐことができるかを五〇代から考えておけば、かなりの自衛ができるはずです。

では、まず日本整形外科学会が公表している七つの項目をチェックして、自分自身の「ロコモ度」を確かめておきましょう。

①片足立ちで靴下がはけるかどうか。
②家のなかでつまずいたり滑ったりすることがあるか。
③階段を昇ったり降りたりするのに手すりが必要かどうか。
④横断歩道を青信号で渡りきることができるか。
⑤一五分くらい続けて歩けるかどうか。
⑥二キログラム程度（一リットルの牛乳パック二個）の買い物が持ち帰れるか。
⑦家中のやや重い家事（掃除機の使用や布団の上げおろしなど）ができるか。

もしこの七つのチェックポイントのなかのどれかに自分の動作が当てはまるようなら、ロコモの可能性があります。

ただし、ロコモチェックの数が多いから心配とか、少ないから安心ということではありません。大まかにいうと、自分で歩けて日常生活に支障がなければ問題なし、歩行に杖や歩行器などが必要なら要注意、日常の動作に介助が必要で、一人で歩くのが困難な場合は要ケアとなります。

ところが、**ロコモの初期症状は、軽い腰痛やちょっとした膝の痛さなどの軽度な異常ですから、単なる「歳のせい」で見過ごされる例がほとんどです。**しかし、その症状が進行すると簡単な日常の動作にも支障が出てきますから、早めのロコモ予防がなにより大切です。

ロコモ予防にいちばん効果的なのはやはり運動です。なかでも下半身を鍛え、体で最大の筋肉である大腿筋を鍛えることが、ロコモに対抗するいちばんのポイントです。

五〇代の人にあまりハードな運動は、逆効果になりかねませんが、簡単な動きで効果の高い「片足立ち体操」ならおすすめです。

やり方は、まず背筋を伸ばして真っ直ぐに立ち、目を開けたまま片足を床から少し浮かせる程度に上げ、そのまま足をつかずに一分間静止するだけです。片方の足が終わったら、今度はもう片方の足で、また一分間静止します。

言葉で説明すると簡単そうですが、初めは体がグラグラして、一〇秒立っているのも大変なのが普通です。それでもどこかにつかまりながら、とにかく一分間は続けましょう。何度足をついても気にせず、静止状態をキープしているうちに、だんだん長く立っていられるようになります。

一日に二〜三回、片足立ち体操を根気よく続ければ、大腿筋が強化されるばかりでなく、バランス感覚がよくなって、転倒やつまずきの危険も大きく軽減されます。

ただし、運動をするときは、転倒を防ぐため、イスの背や柱など、すぐにつかまれるものを側に置いておくことを忘れないでください。

実際に足腰が弱ってしまってからでは、運動もなかなか始めにくいものです。それだけに、なるべく早い時期からロコモ予防を実行して、いつまでも動ける体づくりをするのが、アンチエイジングの秘訣ともいえるでしょう。

やり直しができないからこそ、歩く習慣を

努力する人は希望を語り、怠ける人は不満を語る。（井上靖）

「ボケるのが怖い」というのは誰にも共通の不安ですが、認知症に関する新しい情報が次々に集積され、これまでの常識が覆《くつがえ》されることも少なくありません。

たとえば、脳の活動と運動が密接な関係を持ち、適度な運動が認知症の予防につながることは、いまや医学界の常識となっています。

最近では、認知症は広義で生活習慣病のひとつであり、糖尿病や高血圧などが運動で予防、改善できるのと同じように、運動によって認知症の発症も予防できる可能性が高いと考えられるようになってきました。

それでは、生活習慣病を予防すると同時に認知症予防の効果も期待できる運動とはどんなものかと調べてみると、それは「**有酸素運動を一日三〇分程度おこなう**」のがもっとも効果的とのこと。

有酸素運動とは、呼吸をしながら続ける運動のことで、代表的なものはジョギングやウォーキング、散歩やヨガなどです。

バーベルなどを使った筋力トレーニングや短距離走、相撲《すもう》、ボクシングなど短時間に強い力を発揮する運動は「無酸素運動」と呼ばれ、長時間続けることができません。有酸素運動のうち、中高年にとくにおすすめなのは、体力を使わず長時間続けられる散歩とウォーキングでしょう。

この二つはどちらも同じようなものに思えるかもしれませんが、季節感や景色の変化などを楽しみながらゆっくり歩くのが「散歩」で、少し息が切れる程度の速さで太腿《ふともも》を上げながら大股で進むのが「ウォーキング」です。

厳密には少し性質の異なる運動ですが、認知症の予防効果という点からいえば、「ウォーキング」も「散歩」も、その効果に大差はないと考えられています。自分の好みや、その日の気分、体調などによって、どちらかを選べばいいでしょう。週に三日は颯爽《さっそう》とウォーキングを楽しみ、四日はのんびり散歩を楽しむなど、変化をつけると、飽きずに毎日続けられるはずです。

さらにうれしいのは、こうした運動が、メンタルにもいい影響を与えることです。

下半身の筋肉を長くゆっくり動かすウォーキングでは、脳下垂体《のうかすいたい》から脳内快感物質であるβ《ベータ》エンドルフィンが放出されて「ハイな気持ち」にしてくれますし、景色を楽しみながらゆっくり歩く散歩では、気持ちを鎮《しず》める「セロトニン」という脳内物質が分泌《ぶんぴつ》されて、心が落ち着きます。

とくに、**セロトニンは憂うつな気分を避けてストレスに強い心をつくるのに役立つ神経伝達物質**ですから、抑うつ的な気持ちになったときは、散歩で気分転換をするのがぴったりです。

このように、散歩やウォーキングは脳を活性化させ、認知症を予防し、ロコモを予防するなど、多彩な効果があるにもかかわ

らず、お金はまったくかからないという、絶好のエコロジースポーツなのです。

よく一日三〇分の運動というと、一度に三〇分続けてやらなければならないと思う人がいるようですが、そういうわけではありません。

散歩やウォーキングを**一回一五分で二回に分けたり、一回一〇分ずつを三回しても、トータルで一日三〇分の運動になれば大丈夫**。三〇分続けて運動した場合とそれほど効果は変わらないといわれ、これは認知症予防に関しても同様と考えられますから、たとえ少しの時間でも、とにかく体を動かしてみてください。

毎日の小さな努力が、歳を経るごとに大きな成果となって、きっと自分の元に返ってくるでしょう。

気持ちが沈んだときは、「寝たままバンザイ」

毎日の中で、一番むだに過ごされた日は、笑わなかった日である。
（シャンフォール）

「うつ」になる人が増えています。厚生労働省では三年ごとに患者調査をしていますが、気分障害（うつ病、躁《そう》うつ病、気分変調症）の患者数は、一九九六年には四三・三万人だったものが、二〇〇八年には一〇四・一万人と倍以上にもなっています。これは病院にかかった人の数なので、実際はもっと大きな数になるでしょう。

また、年代別で見ると、四〇代、六〇代、五〇代の順に多く、男女比では女性のほうが男性の一・六七倍多いというデータが出ています（二〇一四年厚生労働省調べ）。

これらの年代は、会社で重責を負う立場だったり、家庭では子どもの巣立ちや親の介護問題など、さまざまなストレスを抱えやすい年代です。

うつ病の代表的な症状は、不安になる、イライラする、集中力がなくなる、無気力、物事を悪いほうに考えてしまうなど、さまざまです。

もう少し具体的に話しますと、

・ベッドに入ってもなかなか寝付けず、寝ても夜中に何度も目が覚める。
・夜遅く寝ても、朝早く目が覚める。
・原因不明の頭痛や肩こり、動悸《どうき》、便秘、下痢などが続くとか、疲労感がなかなか抜けない。

・食欲がなくなる。
・朝は気分が重いのに、夕方には爽快《そうかい》になる。
・生きているのが嫌になる。
・すべてのことに興味を失ってしまう。
・急に涙もろくなる。

どれか一つだけの場合もあれば、複数が同時に出ることもあります。

これらの症状は誰でも経験するようなものですが、普通は、それほど長続きしません。しかし、うつ病になると長期間にわたって続き、それにともなって、飲酒の量が増えたり、眠れなくなったり（逆にずっと眠っていたり）、動悸、食欲・性欲の減退、便秘、めまいなど体の症状として表れることもあります。

もし、こうした症状に心当たりがあれば、まず心と体を休めなくてはなりません。**がんばって暗い気持ちを吹き飛ばそうとしたり、落ち込む自分に鞭《むち》打って奮い立たせるような対応は、症状を悪化させてしまう危険があります。**

さて、家庭での対策としては、心がもやもやしたりストレスを感じたりしたときに、軽く体操をしてスッキリするといいでしょう。

気分の切り替えが下手な人は「うつ」になりやすく、よどんだ気分がそのまま翌日に持ち越されて、なんとなく元気が出ないのです。今日の嫌なことは、軽く体操をしてすべて忘れるよう心がけると、眠りの質も改善されます。そして、スッキリ目覚めることができるようになります。

お休み前にするとリラックスできる体操を紹介しておきます。それが「寝たままバンザイ体操」です。

①仰向《あおむ》けに寝て、両手は頭の上に、足先はバレエの爪先立ちのように伸ばす。手の先、足の先にひもがついており、そのひもを引っ張られているようなイメージでおこなう。

②めいっぱい伸ばすことができたと思ったら、力を抜いて大きく深呼吸する。これを数回繰り返す。

うつ病の多くは心身の疲労からくるので、まずは休養が大切なのです。と同時に、専門医を受診することをすすめます。

うつ病は主に、精神科や精神神経科と書かれている医療機関で対応しますが、最近では、心療内科や、メンタルヘルス科、メンタルクリニックなどの医療機関でも受診できます。「精神のことで医者にかかるのはちょっと……」とか「うつ病と言われたら立ち直れない」と思って避ける人が少なくないのですが、どんな病気でも早期に治療すれば治りが早いもの。

また、うつ病は決して特別な病気ではありません。アメリカでは五人に一人が経験者といわれるほどポピュラーな病気です。「もしかして……」と感じたときには、無理をせず、気軽に医療機関をたずねてみましょう。

「がんばらない」が大切なのです。

笑顔をつくると免疫力が上がる

笑うのは幸福だからではない。むしろ、笑うから幸福なのだ。
（アラン）

「ア～ハッハ」と涙が出るほど大笑いしたあとで、体にうっすらと汗をかいていたり、少し体温が上がっているのに気づくことはありませんか。これは、笑いが立派な全身運動だという証拠でもあります。

最近の研究では、笑いが私たちの心身に与える良い影響が次々と実証されて、あらためて注目が集まっています。

とくに、人体に備わる重要な免疫システム「**NK（ナチュラルキラー）細胞**」は、笑いによって増加することが知られています。いまや「笑う門《かど》には福来る」ということわざがそのまま医療の世界でも通用する時代になったようです。

笑いによってつくられた神経ペプチド（脳内の神経伝達物質）が、血液やリンパ液を通じて体中に流れ、NK細胞を活性化するというのが免疫活性のメカニズムです。結果的にがん細胞や病原菌などが攻撃されて、病気の治癒《ちゆ》率も高まるというわけです。

ところが、この免疫システムも万能ではなく、神経ペプチドが悲しみやストレスなどマイナスの情報をキャッチすると、NK細胞の働きは鈍《にぶ》くなり、免疫力も低下してしまうので、安心してばかりではいられません。

ただし、人間には笑いに関する情報をコントロールする能力があるため、自分の好きなように笑いの効果を引き出せます。

なにより覚えておきたいのは、脳は意外なほど簡単に、人間の知恵にだまされるということです。つまり、**意識的に笑い声を出したり、笑顔をつくったりするだけでも、NK細胞を活性化する効果は十分にある**のです。

たとえ不安な気持ちや不愉快な思いがあっても、にっこりと笑顔をつくると、脳はその表情にコロリとだまされて、免疫システムが動き出します。ですから、意識的に笑顔をつくり、さらに笑い声までプラスすれば、効果は間違いなく発揮できます。

このように、たとえイミテーションの笑いでも、がんやウィルスに対する抵抗力は高まり、免疫異常の改善にも役立つということですから、やってみて損はないでしょう。

老後にこそ欠かせない「笑いと感動」

人間は笑うという才能によって他のすべての生物より優れている。
（アディソン）

笑いは免疫力や自己治癒力を高めるだけでなく、脳や記憶力にも良い影響をもたらすことがわかってきました。

笑いによって脳波のなかのα《アルファ》波が増えると脳がリラックスし、同時に大脳新皮質に流れる血液量が増加して、脳の働きが活発になります。

さらに、脳の海馬《かいば》と呼ばれる部分の容量が増え、記憶力も向上します。

そのうえ、大きく笑うと呼吸が深くなり、体内に酸素がたくさん取り込まれるので、有酸素運動をしているような状態になり、同時に心拍数や血圧も少し上がって新陳代《しんちんたい》謝《しゃ》も活発になるわけです。

お腹が痛くなるほど笑えば、腹筋や横隔膜《おうかくまく》も鍛えられます。顔の表情筋も大きく動かしますから、全身のトレーニングになりそうです。

とくに、運動嫌いで激しい運動やトレーニングは苦手という人も、テレビやビデオで好きな落語や演芸を楽しむだけなら、ラクに免疫力の強化ができますから、長くこの習慣を続けていけばいいでしょう。

また、笑うとモルヒネの数倍の鎮静《ちんせい》作用を持つといわれるβ《ベータ》エンドルフィンが分泌《ぶんぴつ》され、神経痛や関節痛といった慢性的な痛みの緩和《かんわ》にも期待ができます。毎日の生活に、意識して笑いを取り入れるようにしたいものですね。

もうひとつ、笑いと並んで若さと健康に欠かせないのが、「**感動する心**」です。

そして、このときめく感情を司《つかさど》るのが、感動ホルモンといわれる「セロトニン」。セロトニンが分泌されると、自律神経が整えられ、気持ちが落ち着いて呼吸が深くなり、精神的な安定が得られるなど、さまざまな健康効果が生まれます。

カラオケで気持ちよく十八番の歌を熱唱しているときに、たくさん分泌されているのが、このセロトニンです。

心を解放してストレスも解消するのがセロトニンの役目ですから、若さを維持するためにもぜひ必要なものといえます。

セロトニンは「きれいだな」「すごいな」「素敵だな」と思うだけで自然と分泌されますから、感動する心を持ち続けることが、いちばんのアンチエイジングともいえるわけです。

花を愛《め》でたり、おいしい料理に舌鼓《したつづみ》を打ったり、大好きなスターの出る映画に心打たれたり、そんな日常の小さな感動が、健康で若々しい暮らしにつながるなら、心がけて、ときめく心を大事にしたいですね。

涙がストレスを洗い流してくれる

泣くことも一種の快楽である。
（モンテーニュ）

飲み会でワンワンと泣く「泣き上戸《じょうご》」の世話をするのは大変ですが、泣き終わったあとに彼らが見せる晴れ晴れとした顔を見ると、それがストレス解消になっていたことがよくわかります。

ストレスが精神や免疫力に悪影響をおよぼすことはよく知られていますが、実はストレスそのものが老化の原因にもなっているのをご存じでしょうか。

ストレスを受けると体内で発生するストレスホルモンは、活性酸素と同じように、人を老化させる原因になるのです。

ストレスホルモンを減らすためには、十分な睡眠や適度な運動、リラックスできる環境などが必要ですが、こうした努力なしでも大きな効果を得られるストレス解消法があります。

それは、涙でストレスやフラストレーション、不満、哀しみなど、心のわだかまりを洗い流してしまう方法です。

泣くことは、最高のストレス解消方法として推奨《すいしょう》されるほど効果があり、悲しいときや感動したときに出る涙には高い抗ストレス効果があるといわれています。

とりわけ、他人への共感や同情、尊敬や愛情から生まれる「感動の涙」を流すと、一切のネガティブな気分が解消されて、高レベルのカタルシス（精神浄化《じょうか》）を経験できるとされます。

また、涙を流したあとには脳内ホルモンの一種で、強い鎮静《ちんせい》作用を持つ「エンドルフィン」が増加。まるで運動のあとのようにスッキリとした感覚になるというわけです。

涙によってストレス物質が排泄《はいせつ》されると、副交感神経の働きが活発になり、内臓もスムーズに動くようになります。

このような涙の力に注目して、最近では積極的に泣くことで、心のデトックスを図る〝涙活《るいかつ》〟も登場。たとえば数人で集まって、泣ける映画を観たり、感動的な話を読んだりして、意識的に涙を流すのが、涙活イベントです。

感動の涙や共感の涙を流すことでストレス解消ができるのですから、「最近ストレスが溜まっているな」と自覚したときには、試してみてもいいでしょう。

第3章

みっともない老い方をしない

暮らしのサイズダウンが老後の第一歩

ほほえましい人生を送りたいなら、
まずは、気分のよい生活を身につけるべきだ。(スピノザ)

「この前、実家に帰ったら、昔から母が集めた着物や食器、置物やお土産《みやげ》などが家中にあふれていて、収拾がつかないの。まるでゴミ屋敷よ」

「親ももう歳だし、そろそろ本気で周辺を整理してほしいんだけど、なかなかこっちからは言い出せなくてね」

こんな話がよく交わされています。

こうした問題を抱える親子は意外に多く、子どもが五〇代になっても親はまだ七〇代という場合、「子どもが親のやることに文句をつけるな」「親の残したものを受け継ぐのは私たちなんだから、いまからきちんと整理してほしい」という意見の対立も生まれるようで、これが親子喧嘩《げんか》の火種《ひだね》にもなりかねません。

Kさんは、年に数回実家に帰るたびに、「お母さん、こんなに荷物が多いと家が狭くなるし、第一、足元が悪くて危険だわ。そろそろ思いきって整理したほうがいいわよ」と言うのですが、「どれも大事なものばかりなのよ。余計な口出ししないで」と反撃されて、いつも険悪《けんあく》な雰囲気になるのだとか。

ところが、我が身を振り返ってみると、定年まで一〇年を切ったKさん自身が、なかなか暮らしをスリム化できず、不要な家財道具も数多いといいます。それに気づくたび、「暮らしを整理するといっても、そう簡単ではない」と実感するそうです。

「身の丈に合った生活」といいますが、それは、それぞれの人の感覚次第です。歳を重ねるとともに、だんだん暮らしのサイズをコンパクトにして、こぢんまりとさせる人もいれば、「定年を迎えても生活のペースは変えたくない」と、勤めていた頃と同じような生活を続ける人もいて、どちらがいいとか正しいとか判定できることではありません。

ただ、ライフスタイルそのものが変化するなかで、必要以上の消費やスペースの無駄使いが目立つようになってきたら、そろそろ暮らしのサイズダウンを考えたほうがいいかもしれません。

子どもがまだ小さくて大勢で住んでいた頃は、保存できる食料や日用品などは、特売品をまとめ買いしていたかもしれませんね。でも、子どもが独立して夫婦二人暮らしになったら、そんなに大量の品物は必要なくなり、必然的に消費のスケールが小さくなるでしょう。

毎日五合ものお米を炊《た》いていた家庭が、二人で二合あれば十分すぎるという生活になれば、嫌でも消費スタイルは変わってきます。

もし「身の丈に合った生活」を言い換えるとしたら、そのときの状況に見合った「無理のない、無駄を出さない」生活といえるのではないでしょうか。

定年や住居の移転など、**人生のステージが変わるときにも、モノが多ければ多いほど身動きがとれなくなるものです**。ですから、できるだけ身軽に次のステップに移るためには、身近なものをコンパクトにまとめて、フットワークを軽くしておくことが大切です。

たとえいまは元気でも、一〇年後はどんな状況になるかわかりません。「ずっとこのままの状態をキープしたい」と考えていても、それが可能かどうかの保証はどこにもないのです。家族の人数が変わったり、住む場所が変わったり、そんな暮らし方の変化を想定して、ものの整理をしておくことは、決して無駄ではないでしょう。

五〇歳から「大片づけ」を真剣に考える

お前の部屋を見せるがいい。
そうすれば、お前の性格を言いあててみせよう。（ドストエフスキー）

ここのところ、「断捨離《だんしゃり》」によって不要なモノを徹底して排除しようという考え方が広まってきました。身の回りを片づけるのが時代のムーブメントになったのです。

とくに老年になると生活スタイルがそれまでとは変わります。だからこそ、「これを機にすっきりしたい」と張り切って片づけようと誰もが思うのですが、そう簡単にはいきません。**長い年月のあいだに少しずつたまっていったあれこれの片づけは、一朝一夕にはいかないものです。**

あまりあせる必要はありませんが、五〇代からは、およその「片づけ計画」を思い描くようにしましょう。着なくなった服や読まない本が本棚を占領しているようなら、そうした品々を処分すれば、家はずいぶんすっきりします。

ただ、「まだ使えるのにもったいない」と、なかなか片づけられないものも多いでしょう。そういう場合は、まず、身の回りを見渡してみて、「自分が愛着を持ってそのモノを使っているかどうか」を考えてみます。

もし自分がそれを使ったり眺めたりしている姿がイメージできないようなら、自分にとってそれほど重要ではなく、捨てても差し障《さわ》りないもので、スペースの無駄使いになります。迷いなく捨てましょう。

反対に、思い浮かべて笑みが浮かぶようなものは、自分にとって大切なものですから残しておきます。

個人の主観を尊重した判断ですが、「もったいないから」という理由だけでなんでもとっておくよりも、ずいぶんコンパクトになるのではないでしょうか。

五〇代からの片づけは、定年後に始める片づけと違って時間に猶予《ゆうよ》があります。人間は歳をとればとるほど、やる気も持久力もなくなってきます。いっぽうで、**モノへの執着は強くなるので、定年後の片づけは一筋縄《ひとすじなわ》ではいかない**のです。しかし、五〇代ならやる気も根気もあるはず。

モノを大切にするのと不要なものを抱え込むのは、似て非なることですから、その違いを見極める目も、ぜひ養いたいものです。

たとえスペースを要しても、それに勝る価値があると思えるものなら、スリム化計画からは除外しても問題ありません。シンプルで飾り気はないけれど、温かみは捨てない暮らし。なによりも自分自身が「自然で心地よい」と感じられることを最優先にすべきでしょう。

年齢を重ねるごとに、モノの数も減らす

多ければ則ち惑う。（老子）

「モノの数と年齢は反比例させなければダメだよ」

私の知人の言葉です。もしかしたら、どこかの受け売りかもしれませんが……。

この言葉の意味は、歳の数が多くなるほど、持ち物の数は少なくしたほうがいいということ。つまり、若い頃の生活はモノにあふれていてもいいけれど、歳をとったらスッキリさせないといけないというわけです。

同じ人間の生活でも、「大家族で暮らした幼少期」から「一人暮らしの学生時代～社会人デビュー」「結婚して二人暮らし」「子どものいる暮らし」へと移り、五〇歳を過ぎれば「子どもが独立して夫婦だけの暮らし」のように、次々と変化していきます。

もちろん、こうした生活の変化に適したモノの量があるはずです。

人が所有するモノの数は、おそらく子どもが幼い頃がピークで、子どもの自立によ

って減るのが理想的です。

しかし、高齢になると、自分たちで積極的にモノを整理して処分するのが困難になってきます。体の自由がきかなくなってから、子どもや兄弟に片づけを任せたのでは、申し訳ない気持ちや心配が残ってしまうかもしれません。

そうなると**片づけは自分たちだけの問題ではなく、周囲にも影響を与えます**。自分たちの望むような整理ができなくなるかもしれません。

そのためにも、早いうちにモノの数を少なくして、無理なく管理できる量にする必要があるのではないでしょうか。

自分の子どもや親戚など、後の世代に片づけで余計な手間や時間をとらせないようにするためにも、五〇歳を過ぎたら身辺を片づける心構えだけはしておきましょう。

タレントのピーターさんは、父親にプレゼントした家を含めて三軒の家を持っていましたが、六三歳のときに二軒を処分したそうです。そのきっかけは東日本大震災。虚無感から「何もないほうがラクだ」と断捨離を思うようになったのです。家だけでなく、家具、インテリア、服、装飾品など多数を処分。また、写真も厳選したものを携帯電話で撮って保存するようにしました。

後に財産を残すことも大事かもしれませんが、**迷惑な片づけごとを残さないのも、同じように大切。**ゴミの山を残して迷惑をかけないようにするのも、家族への思いやりといえるでしょう。

使わないモノはどんどん整理していく

不決断こそ最大の害悪。（デカルト）

身辺の片づけはしたいけれど、長い間使ってきたものを捨てるには、それなりに勇気がいるものです。実際に捨てようとすると、「これはまだ使うんじゃないか」と迷ってしまう経験は誰にでもあるでしょう。

しかし多くの場合、「いつか使うかもしれない」「もしかしたら必要になるかもしれない」と思ってとっておいたものの活躍の機会はありません。段ボールや押入れのなかで、ひたすら眠り続け、スペースを占領し続けるだけです。

これでは、いつまでたっても暮らしのリセットはできませんから、ここはひとつ勇気を持って、捨てる行動に移りましょう。

快適でシンプルな暮らしをめざして片づけをするとき、「ほんとうに必要なものはなにか」を考えると、反対に、捨ててもいいものがわかってきます。片づけを機に自分の価値観を確認すると、あらためて嗜好《しこう》や個性を分析する機会にもなります。

そして、それが今後の生活をデザインしていくうえでも役に立つはずですから、ぜひしっかり自分の個性を見つめてみてください。

整理整頓が得意な知り合いから、「どういう順で片づけると効率的で納得がいくか」の極意を聞いたので、ここに書いてみます。

まず、**所有しているものをできるだけ正確に書き出します**。

服や靴、バッグ、タオル、寝具、食器棚のなかの食器やグラス、本棚の書籍、ベランダの植木まで、すべての家財をチェックして、全体量を把握します。

所持品の総量を摑《つか》んだら、次にどのアイテムをいつ片づけるか、スケジュール表に記入していきます。

居間や寝室、台所や押入れなど、家のなかをエリアごとに区分けして、どういう順番で片づけていくかを決めます。ここで大切なのは、家族と相談しながら決めること。

一人で勝手に進めると、協力してもらえない可能性があります。

そしていちばん肝心なのは、自分なりに捨てるものの基準を定めることでしょう。

極意を教えてくれた整理整頓の達人は、「三年以上袖《そで》を通さなかった服は、どんなに値段が高くても捨てる」「二年間、一度も使わなかった食器はバザーに出すなどして処分する」「しまいっ放しの雑貨を見つけたら、無条件に捨てる」という基準を持っているため、「どうしようかな」と迷うことがないそうです。

また、長期間手に取らず、現在も使っていないものは、暮らしの役に立っていないと判断して即刻処分するというのですから、潔《いさぎよ》いものです。

しかし、みんながみんな、彼女のように割り切って処分できるとはかぎりません。あとで「しまった！」ということがないように、捨てると決めたものでも一週間くらいは段ボールに入れて、すぐ見えるところに置いておくという方法もあります。

こうしてしばらく眺めていても、とくに残したいという気持ちが湧《わ》いてこなければ、次のゴミ収集日に捨てるかリサイクル品として提供すればいいわけです。

さて、整理整頓の達人でも迷うのが、「思い出の品」だそうです。確かに、たとえ役には立たなくても、思い出がつまった品はなかなか捨てられなくて当然です。

それでも思いきって整理をしようと思ったら、昔の記念品や子どもの描いた絵、色紙、アルバムの写真、愛着のある着物や高価な服などを、デジカメに納めてデータ保存しておく手があると彼女は言います。

こうすればいつでも画像として見ることができて、元の品を処分する寂《さび》しさも軽くできるからだそうです。

そして、捨てるときにぜひやっておきたいのが、モノと別れるためのセレモニーです。**手放す前に「長い間ありがとう」「役に立ってくれて感謝しているよ」とひと声かけてから処分する**のです。

自己満足といえばそれまでかもしれませんが、モノにも心があるならば、きちんとお礼を言ってからサヨナラしたほうが、すっきりした気持ちになるのは確かでしょう。

開かずの押入れはありませんか

諦めは日常的な自殺である。
（バルザック）

自宅の押入れのどこになにがどのくらい入っているのか、即答できる人はどれくらいいるでしょうか。

「寝室の押入れの下段には布団が入っていて、上段にはタオルが入っている」程度にはわかるかもしれませんが、もっと詳しいこととなると、すっかり忘れている人もたくさんいるでしょう。

こうして、謎《なぞ》の空間になってしまった押入れは、そのまま手つかずになることも多く、有効活用されているとはいえないスペースです。そのくせ、「もっと収納力が欲しい」「モノは増える一方なのに、しまう場所がない」という不満を漏《も》らす人は多いでしょう。

このように、本来は収納力があるにもかかわらず、生かしきれていない押入れは、ひと工夫すれば、もっと使い勝手がよくなるはずです。

日本の押入れは、布団のサイズを基本に作られているため、雑多なものをうまく収納するには、空間をサイズごとに区切るのがポイントです。

まず、**奥行きを前後に分けて、使用頻度の高いものは前に、低いものは後ろにと、大まかに二分割して配置します**。

奥にはお雛《ひな》様やクリスマス飾り、季節の行事用品や思い出グッズなど、普段使わないものを置き、手前には日常的に使うタオルや救急箱、シーツ、大工道具などを置いておくと便利です。

また、開かずの扉になる大きな原因は、なかが見えないことですから、収納容器はできるだけ透明度の高いものを選び、すぐにどこになにがあるかわかるようにしましょう。

上下二段ある押入れのうち、大きいものは下段というのが基本ですが、下段の収納庫やカラーボックスを固定してしまうと、そのまま動かせなくなってしまいます。

そこで、押入れ内の大型収納器には、ＤＩＹの店などで売っているキャスターを取り付けて動かせるようにすると、とても便利です。

とくに重いカラーボックスを動かせるようにすれば、衣替えの時期に前後を入れ替えるにも、軽々と作業できるでしょう。

さて、押入れの迷宮化に拍車《はくしゃ》をかける原因は、無造作に押し込めた段ボール箱にもあります。「とりあえず入れておいて、あとで整理しよう」「時間のあるときに片づけよう」などと考えて、手つかずの段ボール箱が、そのまま眠っていることがよくあります。

ところが、あとで見ると「なにが入っているのかわからない」「いつしまったのかもわからない」といった謎の段ボール箱となり、これが押入れの機能を大きく低下させる原因にもなっているのです。

ですから、初歩的なことですが、**段ボール箱には必ず大きな字で内容物と日付を書いておくようにしましょう**。

箱の中身も「夏服」とか「おもちゃ」「文房具」といった書き方だけではなく、「薄紫の花柄ワンピース」「蟹《かに》の絵の描いてある砂場セット」「付箋《ふせん》とメモ帳、３色ペン付き」のように、できるだけ具体的にわかりやすく書くことが大事です。

リサイクルショップでお得にスッキリ

してしまえば片付くのだったら、早くやってしまったほうがいい。
（シェイクスピア）

リサイクルショップというと、ブランド品や高級時計などを売り買いするところというイメージが強く、「自分には関係ない」と考える人が多いかもしれません。

ところが、最近はブランド物一色という店は少なくなり、むしろ実用品や日用品の割合が増えていて、誰でも気軽にリサイクル品の売り買いができるようになっているようです。

とくに使用期間の短い子ども用品や、医療用品、介護用品などは需要が高く、年々利用者は増えているのだとか。高齢者の利用が増えるにつれて、介護用品や健康グッズなどの需要が増え、そこそこの値段で取り引きされているといいます。

しかも、リサイクルショップの大半は委託販売で、不要になった品を持ち込んで店に展示してもらい、売れたらその売上の何%かを得るシステムのところが多く、売れなくてもなんのリスクもありません。

ですから、もし自分の持っているもので、まだまだ価値のあるものや役に立つものがあれば、身近なリサイクルショップに持ち込んでみるのもいいでしょう。

ただ、自分で考えている品物の値段と市場価格には開きがあることも多いので、金額的にはあまり期待しないほうがいいかもしれません。

バザーやオークションに出すという方法もあります。**とくにオークションは、意外な高値を呼ぶ場合もあるので、侮《あなど》れません**。大量生産で作られたものよりも、専門的な分野でのみ使われるものや、一部の愛好家のあいだで評価されるようなものに高値が付くようで、時には出品した本人が驚くような落札価格になることもあるようです。

これは、一部の書籍についてもいえることで、ベストセラー小説のように発行部数の多いものには当てはまりませんが、医学や建築、化学、工学といった分野の専門書で、学術的な価値があるものや廃刊になっているようなもののなかには、数万円の高値が付くこともあるようです。

「これは古い本だから」と、すぐに捨てたり、古本屋に持ち込むのではなく、インターネットなどで相場を調べてみるのもいいでしょう。

バザーは、利益を求めるというよりボランティアで提供するという意味が強いので、あまり売上は期待しないでおきましょう。それよりも、自分が提供した品を買ってくれる人がいて、「こういうのが欲しかったんです」「いいものをありがとうございます」などと喜ばれることのほうがバザーの醍醐味《だいごみ》です。

生活がかかっていないのなら、リサイクルショップやバザー、オークションなどでの売買は、遊び心のある「お店屋さんごっこ」の延長と考えて、お客さんとのコミュニケーションを楽しんでみてはいかがでしょうか。

片づけたくなる、イギリス人の知恵

好奇心はいつだって新しい道を教えてくれる。
（ウォルト・ディズニー）

近所の公園では、月に一回フリーマーケットが開かれます。使わなくなったベビー服から、趣味の手作り品、目利《めき》きをうならせる骨董《こっとう》まで幅広い品が並び、たとえ買わなくても見るだけで楽しめるイベントです。

以前、私はフリーマーケットというものにあまり興味がなかったのですが、ある人が「不用品を捨てるのではなく売る」ことの大切さを教えてくれたため、散歩がてらのぞくようになりました。

その人は仕事の関係でロンドンに三〇年以上暮らしており、生活様式やものの考え方がどっぷり英国風の女性です。

たとえば、傷みやすい肘にパッチをあてたセーターやジャケットなどに代表されるように、**イギリスには「良いものを大切に長く使い続ける」という文化があります**。親の着たコートを手直ししながら、子ども、あるいは孫が着続けることも珍しくありません。

そうした「モノを大切」にする文化の国イギリスでは、カーブーツ・セールというフリーマーケットのようなものがあると、彼女は教えてくれました。

カーブーツとは車のトランクのことで、週末や休日、学校や街の広場などに車が並び、さまざまなものが売られます。

日本のバザーやガレージセールなどでは、結婚式の引き出物にもらったはいいけれど、趣味が合わずに使わなかった食器のセットや、サイズが合わずに袖《そで》を通さなかった衣類など、比較的新品に近いものが並びやすいようですが、このカーブーツ・セールでは実にさまざまな商品が並びます。

ソーサーがなくなったティーカップ、裾《すそ》の破れたワンピース、すっかり履き込んだ長靴など、日本人が見たら、「こんなガラクタ誰が買うの?」と言いそうな品も、立派な商品になるそうです。

日本とイギリスではモノに対する価値観が少し違うかもしれませんが、自分はいらないと思ったものでも、「ちょうどこれが欲しかった!」という人がいないともかぎりません。

捨てるのは惜しいけれど、とっておいても使う予定がない。そんなものはフリーマーケットに出してみるのもいいでしょう。

たとえ、たった一〇円でも売れたとすれば大満足。捨てる手間が省けますし、**家にあればゴミにしかならないものが、他の人の手に渡ることで新たな価値が生まれるのです。**

フリーマーケットにはもう一つのうれしいおまけもあります。

フリーマーケットの出店者の半数以上は二〇~三〇代といった若い世代。そんな出店者と隣り合わせになれば自然と交流も生まれますし、別のフリーマーケットの情報を教えてもらえたり親交が深まります。若い世代と触れ合うきっかけづくりにフリーマーケットは最適です。

現在、フリーマーケットは全国でさかんにおこなわれています。パソコンで、「〇〇市、フリーマーケット情報」と検索すれば、日程や参加費用などを簡単に調べられます。

アテにしないのがおたがいのため

自分にできないと考えている間は、
人間はそのことをやりたくないと心に決めているのである。（スピノザ）

「人という字は、人と人とが支え合っている姿から生まれた」といわれます。それほど、人が助けあって生きることは大切です。しかし、それも一歩間違えば、人の力をアテにした行動にもつながりかねません。

とくに夫婦のあいだでは、お互いの持ち場が決まっていることが多く、料理は妻、大工仕事は夫のように、決まった自分の分野以外には手を出さないという無言のルールができている家庭もあります。

これはよく言えば支え合いですが、いっぽうでは依頼心の強さにもなり、どちらかがいなければなにもできないというケースも少なくないでしょう。

ところが、夫が定年を迎えて家にいる時間が長くなると、妻のほうからは、「家にいるなら、もっと家事を手伝ってほしい」「たまには料理もしてほしい」という不満がポツポツ出はじめます。

反対に夫のほうは「台所は妻の城だから、下手に手を出すと嫌がられるかも」「力仕事は自分がやらないといけない」と、お互いの領域を侵さないように気配りをしていたりするのです。

しかし、高齢になれば、どちらかが体調を壊すこともあれば、病に倒れることもあるでしょう。そんなとき、「これは妻の分担だからできない」「これは夫の仕事だから私には無理」などと言っていたのでは、家庭内の機能はストップしてしまいます。

ですから、五〇代の頃から、**家事については、お互いに分け隔《へだ》てなく受け持つようにしておく**といいでしょう。男性が家事をすることに抵抗を持つ女性もいますが、それは二人が長く快適に暮らすためにはぜひ必要なことなのです。

たとえば妻が入院したとき、掃除機を使ったこともなく、洗濯や洗い物もしたことのない夫が一人で家に残されたらどうでしょう。療養《りょうよう》するはずの妻は、夫が心配で、治療に専念できないかもしれません。

しかし、日頃から家事に慣れている夫なら、いざというときにも安心して家を任せられる、心強い存在になります。

これは、妻の場合も同じで、蛍光灯の取り換えもできないのでは、一人前の家庭人とはいえないでしょう。

これまでとは頭を切り替え、人をアテにする生活は卒業して、たいていのことは自分一人でもできる生活をめざしましょう。**老後は互いが相手の負担にならないよう、精神的にも人格的にも自立することが大切なのです。**

男女の区別なくお互いの仕事をカバーし合えたら、高齢になっても、快適な暮らしができると思います。

家にいるときも、「おしゃれ」をおろそかにしない

鏡は自分自身を反省する可能性を与えてくれる。（セネカ）

「若い頃は、毎日念入りにお化粧していたのに、六〇歳を過ぎたら鏡を見ることもなくなってきたわ」

「そうよね。鏡を見てもがっかりするだけで、ブルーな気分になるわ」

歳をとると、少しずつ体型が変化したり、肌がくすんで見えたりするなど、年齢がネックになって、おしゃれ心を曇らせるようなことも起きてきます。

でも、ここで「もう歳だからダメだ」「おしゃれなんかあきらめた」と弱音を吐いたら、老化の波は一気に攻め込んでくるでしょう。ここはひとつ気合を入れて、素敵な歳のとりかたを身につけたいものです。

中高年のフランス人女性と日本人女性に話を聞いて、その違いを探してみると、日本人女性が「きれい」「可愛い」と言われたいのに対して、フランス人女性は「知的」「シック」「エレガント」などと言われたいとか。

つまり、外見の美しさを重要視する日本人に対して、フランス人女性は精神的な豊かさや気品ある振る舞い、知的な話し方など、内面的な美しさに価値を置いているということがわかります。

実際、本人が鏡を見て「目じりの皺《しわ》が増えた」「ほうれい線が深くなった」と、外見の小さな変化を気にしていても、まわりの人はそれほど気にしていないのではないでしょうか。

ただ、若さに対する思い入れが強い日本人は、とかく年齢を重ねることをネガティブに受けとめる傾向があるようです。

これに比べて、若い頃から自分らしさを追求しているパリジェンヌは、自分らしい生き方ができるようになった五〇代のほうが、自信に満ちあふれているのだとか。

確かに、いつも小皺を気にして、自信がなさそうにうつむき加減でいる人より、**歳など少しも気にせず、大きな声で笑い、知的な会話で人を惹《ひ》きつける人のほうが、魅力的に見えるはずです。**

日本でもベストセラーになったエッセー『フランス人は10着しか服を持たない』の著者ジェニファー・L・スコットさんは、「仕事や家庭についてはもちろん、今日のランチはなにを誰と食べるか、どの服を着

て出かけるか、それらを常に〝情熱〟を持って考える。そして、すべての瞬間を楽しむ。それが、フランス女性が魅力的な理由でしょう」と語っています。

歳を重ねて、肌質や体型が変化するなかで、いかに美しく年相応のおしゃれをすればいいのか。それは、単にきれいに装うだけではなく、内面から湧き出るような輝きを放つことかもしれません。

そのためには、「年甲斐《がい》もなく」とか「若づくり」とかいう言葉を忘れて、堂々と自分の個性をアピールすること。「病は気から」という言葉があるのなら、「美しさは気から」という言葉があってもおかしくないでしょう。

出かけるときはもちろん、家にいてもおしゃれ心を忘れずに、鏡で身だしなみをチェック。にっこりと鏡に微笑《ほほえ》みかければ、自然と心も明るくなるでしょう。

こうして、**心に張りが出れば、「キレイホルモン」といわれるエストロゲンも分泌《ぶんぴつ》され、心身の若さを保つ手助けをしてくれます**。

若さと美しさは、メンタルな要素抜きには語れません。自信を持って明るい笑顔を見せることが、アンチエイジングのなによりの妙薬《みょうやく》なのかもしれません。

心まで明るくする彩《いろど》りをワードローブに

人はその制服どおりの人間になる。
（ナポレオン）

クロゼットを開けてみて、まず目に飛び込んでくるのは何色でしょうか。お花畑のように明るいパステルカラーでしょうか、それとも地味なダークカラーでしょうか。日本の中高年のワードローブを見ると、グレーや茶色、白、黒のモノトーンなど、地味な色合いの服が主流で、きれいな色味の服が少ないのが大きな特徴のようです。日本では一般に、赤やピンクなどの明るい色は子どもや若い人が着るもので、「一定の年齢になると落ち着いたファッションに切り替えるもの」という考え方が定着しているようです。

さらに、地味な色＝シックな色というイメージがあって、若い人でも暗い色調を好む傾向が強いようです。若い女性でも全身を黒やグレーのファッションで統一している人も珍しくありません。

ところが、欧米など世界の国々では、たとえ八〇歳過ぎのご婦人でも、赤やピンク、黄色、紫など、鮮やかな色彩のファッションをごく自然に身につけていて、それがまたとてもしっくりなじんで見えるのです。

もちろん、どちらがいいということではありませんが、もし色使いの幅が広がれば、ファッションの選択肢も多くなって、おしゃれはより楽しくなるのではないでしょうか。

ただ、日本には昔から人より目立つことを好まず、派手な格好より地味な装いを評価する傾向があります。いまでも、還暦を過ぎた年代の人が真っ赤な服を着たりすると、「若づくりをしてみっともない」「年甲斐もなく恥ずかしい」などと非難を浴びて、本人がいいと思っても、まわりに遠慮《えんりょ》しておしゃれを控《ひか》えるケースがあります。

しかし、明るい色の服を着ることで誰かを不愉快にするとか、迷惑をかけるということでなければ、個人の好みを尊重して、好きなおしゃれを認めてあげるのが大人の対応でしょう。

ある繊維会社が日本人の色彩感覚を調べたところ、平均的な色の好みが浮かび上がってきました。

まず、日本人の好きな色のトップ3は、「白」「緑」「青」で、とくに「白」はすべての年代と性別でトップ3に入っていて、日本人好みの色ナンバー1でした。

反対に、「ゴールド」「ピンク」「紫」が嫌いな色のトップ3でした。これは、ピンクを好まない男性と、ゴールドを好まない女性の数が、中高年層でいちばん多いためだそうです。

また、気分が落ち着く色のトップ3は「緑」「青」「紺」と、ダークな色合いが主で、同時に普段よく着ている服の色も「黒系」「青系」「白系」が多いということでした。

このように、鮮やかな色彩とはなかなか縁遠い日本人ですが、ある程度の歳になれば、どこかに一色でも明るいアクセントカラーを配してみたいものです。なにより、**顔の近くに暖色系の明るい色を持ってくると、顔色がパッと華やいで見えます。**

これは男性も同じですから、ちょっと肌の色がくすんだと思ったら、きれいな色のマフラーやネクタイ、スカーフなどを首まわりに持ってくるといいでしょう。

ダークな色調のファッションでも、明るい色柄のスカーフを巻くだけで、パリジェンヌのようなおしゃれ気分が楽しめるのですから、試してみてはどうでしょうか。

年齢にふさわしい「いい顔」になろう

若い者も美しい。しかし、老いたる者は若い者よりもさらに美しい。
（ホイットマン）

「男は四〇歳を過ぎたら、自分の顔に責任を持て」とは、アメリカの元大統領リンカーンの有名な言葉です。これは男女を問わず、中年になったら誰もが心に留めておきたい言葉です。

若い頃は、肌の張りや艶《つや》など、天性の美しさや若々しさだけでも勝負できますが、それは次第に失われてきます。さらに中年ともなると、その人がどのような人生を歩んできたのか、どのように行動してきたのか、その歴史が深く顔に刻み込まれてきます。

つまり、**中年からは、さまざまな経験で培《つちか》われた人間性が、そのまま顔に滲《にじ》み出てくる**ということです。

いつも思いやりのある行動をする人は優しい顔に、陽気で前向きな人は朗《ほが》らかな顔に、また自分に自信のない人は気の弱そうな顔に、疑り深く人を信じない人は猜疑心《さいぎしん》の強い顔にと、自然に顔が変化していくのです。

ただし、顔の表情が固定してしまうわけではなく、その人の心情や考え方によって、顔つきが変わることはいくらでもあります。

毎日厳しいビジネスの最前線で闘って、眉間《みけん》に皺を寄せていた人が、定年が近づくとともに柔和《にゅうわ》な顔に変化していった例や、現役からの引退が決まったとたんに、優しい面持《おもも》ちになった例などからもわかるように、顔は心のなかを映し出す鏡でもあるのです。

いまの自分を知るには、とにかく毎日鏡を見て、小さな変化も見逃さないようチェックすること。鏡を見て「なんとなく疲れた表情」や「暗い顔つき」に気がついたら、それを定着させないように、思いきり表情筋を動かして、いったん表情をリセットさせましょう。

こうした**「疲れ顔」を放っておくと、年齢以上にやつれた「老け顔」が身についてしまうので、要注意です。**

とくに、鼻の横に見られるほうれい線や口の両端に出るマリオネットライン、老化を表す目じりの皺は、まさに若さの敵です。子どもに「おばあさんの顔を描いて」というと、必ずほうれい線とマリオネットライン、目じりの皺を描き込みますから、これが老け顔の元凶《げんきょう》だということはよくわかりますね。

だからといって、濃いメイクや派手なファッションで老けをカバーしようとすると、「不自然な厚化粧」「みっともない若づくり」という印象を与え、かえって逆効果になってしまいますから、「若見え」には慎重に取り組みましょう。

一般に、ほうれい線やマリオネットラインのできる原因は、肌のうるおい不足と顔の筋力低下にあるといわれています。顔の表情をつくる表情筋が年齢とともに衰えてくると、皮膚《ひふ》の重みを支えられなくなってたるんできますが、ここに肌の水分不足が加わると、いっそう老け顔が加速するというわけです。

ほうれい線やマリオネットラインを予防するには、まずしっかり肌を保湿すること。肌のうるおいをキープすることが、老化防止の条件です。

また、動かさなくなった顔の筋肉を動かして、口まわりを柔らかくする美顔エクササイズをすれば、キリッと引き締まったフェイスラインになるでしょう。

やり方は簡単で、頬《ほお》の筋肉をしっかり意識しながら、「あいうえお」の声を順番に出し、口をすぼめて息を吐き切っていきます。

次に頬に息をためたら、ほうれい線を伸ばすような気持ちで内側から舌で頬をつつきます。

こうして表情筋を鍛えながら頬に緊張感を与えることで、だんだん顔のラインがしまってきますから、短い時間でも、毎日続けてみてください。

いつの世も、女性がめざすのは「きれいな顔」かもしれませんが、**豊かな人間性を感じさせる「いい顔」や「味のある顔」も素敵です。**

シャンソンの女王として世界中で絶大な人気を誇る八九歳の歌手ジュリエット・グ

レコの横顔には深い皺が刻まれています。かつての美貌《びぼう》は失われているかもしれませんが、その表情には、人生の喜びと哀しみを知りつくした深い魅力が感じられ、ほんとうにいい顔とはどんなものかを教えてくれます。

このように、人間性のにじむ素晴らしい表情を備えることができたら、人生の味わいもますます深まるでしょう。

老いることを面白がるクセをつける

老いは、われわれの顔よりも心にしわをつける。
（モンテーニュ）

「老いを楽しむ」というと、いかにもありふれた表現で恐縮なのですが、人生を楽しんで生きようとする気持ちがあるからこそ、人間は若々しくいられるのであって、毎日を楽しむことができなくなったら、老いの寂しさや虚《むな》しさにとらわれ、前向きには進めなくなってしまいます。

どんな人でも歳をとって体が弱ったり、もの忘れが進んだり、白髪が増えたりするのは嫌なものです。口では「もう歳だから肌の衰えは気にしない」「いまさらおしゃれをしても仕方ない」などと達観《たっかん》したふりをしていても、内心では「なんとかならないか」と、ため息をついているのではないでしょうか。

ところが、尊敬すべき人生の先輩のなかには、どんなに困った場面でも、そのときの状況を楽しみながら、人生を面白がっている人が大勢います。

「人間は守りに入ると老化が始まる。好奇心をなくしたり、リスクを避けようとしたら危ないね」

というのは、経営コンサルタントの堀紘一氏ですが、いつまでも若々しい人に共通しているのは、好奇心が強く、どんなことにも関心を持って、いつもアンテナをピンと立てていることなのでしょう。

たとえできないことがあっても、「この動作は先週までできていたのに、今日はできなくなった。これは面白い」というように、**マイナスに捉えるのではなく、面白い出来事として捉える心が、若さを保つ最大のカギ**ではないでしょうか。

家事評論家の吉沢久子さんも「衰えを面白おかしく感じながら生きているんです」と語っています。この心の軽さが、いくつになっても老けない心の秘密なのかもしれません。

「歳だから」「できないから」と、心が後ろ向きになったときから、老いは加速します。反対に言えば、老いをポジティブに考える習慣がつけば、しなやかな心でいつまでも人生を楽しむことができるのではないでしょうか。

孫には奨学金代わりの知的財産を

小利を見れば大事ならず。（孔子）

「目に入れても痛くないほど可愛い」といわれるほど、孫の存在は愛おしいもので、「子どもより孫に対する愛情のほうが強く感じる」という年配の人も少なくありません。

しかし、その愛情が的外れな方向に向かうと、感情的なトラブルが生じたり親子関係がギクシャクしたりすることもありますから、注意が必要です。

いちばん多く見られるのは、孫にねだられたらなんでも買ってあげるお爺《じい》ちゃんやお婆《ばあ》ちゃんです。特別な記念日や誕生日でもないのに、いつでも財布の紐《ひも》を緩《ゆる》める祖父母は、孫にとっていい影響を与えません。

「おばあちゃん子は三文安い」ということわざがありますが、祖父母に甘やかされて育った子どもは依頼心が強く、自立が遅れる傾向があるため、お爺ちゃんやお婆ちゃんの愛情とは反比例して、社会的な評価は下がるものです。

なかにはお爺ちゃんやお婆ちゃんを「お財布代わり」と思って、ちゃっかり資金源にしている家庭もありますが、これは子どもの教育上ぜひとも避けたいパターンです。

まず、「**お金を与えることで孫や家族の『尊敬』を得ることはできない**」ということを自覚するのが、なによりも大切です。

もちろん、孫の可愛い笑顔を見て、なんでもしてあげたいと思う気持ちもわかりますが、目減りする年金のなかから無理にお小遣いを捻出《ねんしゅつ》してまで気前のいいスポンサー役を演じる必要はないでしょう。

それならば、長い目で見ればお金よりもっと価値があり、孫の人間形成にも役立つ、知的なプレゼントをするのがいちばんではないでしょうか。

なかでも情操《じょうそう》面での発達を促し、物事の理解力や読解力を助ける「本」は、最良の贈り物になるはずです。

まだお孫さんが小さいうちは、絵本や世界各国の名作童話を贈れば、きっと何度も繰り返し読み返してくれることでしょう。

学童期になれば、児童文学やスポーツ読本、自然科学の本やパズルの本などを読むことで知的好奇心が高まり、成長期の大きな糧《かて》になります。

つまり、一時的な喜びを与える贈り物に対して、本やパズル、辞書や百科事典などのプレゼントは、一生を通して新たな価値を生み続けるのですから、そのサポート力は強力です。

おもちゃやお菓子など、もらってもすぐに忘れてしまうもらいものと比べて、**心や脳に直接働きかける知的なアイテムは、そのまま送った人のイメージとつながりますから、当然祖父母に対する「尊敬の心」も生まれます。**

本気で孫の将来を考えるなら、お金で大盤振る舞いをするよりも、奨学金代わりの本や辞典で彼らの才能を最大限に引き出してあげるほうが、ずっと素晴らしい「孫育て」になるのではないでしょうか。

過去に執着すると、いまこの瞬間を楽しめない

脱皮できない蛇は滅びる。
（ニーチェ）

年齢を重ねると気むずかしくなるとよくいわれますが、なかには、そんな印象をまったく与えず、軽やかな気持ちで生きているように見える人がいます。

もし、「軽やかな気持ち」の反対語があるとすれば、それは「頑《かたく》なな気持ち」でしょう。つまり、頑固《がんこ》な考え方にとらわれることです。老後の楽しさを受け入れられず、ついネガティブな思いにかられてしまうのでしょう。

頑固な気持ちとは、これまでに培ってきた経験やプライドを守りたいという防衛本能から出たもので、新しいことを受け入れよう、チャレンジしてみようという軽やかな気持ちとは正反対のものといえます。

なにかを守ろうとするから頑固になり、なにかに執着するから偏屈《へんくつ》になって、自分のまわりの世界は、どんどん小さくなってしまいます。

とくに**男性の場合は、社会的地位や肩書きにこだわる傾向が強いので、現実的な考えの女性と比べて、頑固になる度合いが高い**ようです。

また、歳とともに頑固になるのは、脳の老化とも関係があります。高齢になると、脳の情報処理速度もだんだん遅くなってきますから、他人と理解し合い相互のコミュニケーションをとるのが煩《わずら》わしくなってくるのです。

脳が柔軟な若い頃ならエネルギーは十分にあり、脳のあらゆる回路を通して情報を受けとめ、理解を深めていくことができます。でも、年齢を重ねてエネルギーの足りなくなった脳にとって、コミュニケーションの構築はかなりの負担になります。

そこで、わざわざ煩わしいことをするより、自分が正しいと感じることだけを押し通したほうがずっとラクなため、だんだん「頑固者」になるというわけです。

アメリカの小説家で自己啓発書の著者でもあるデール・カーネギーは、「頑固を誇るのは小人の常だ。にっこり握手して自分の過ちを認められる人こそ大人物である」と語っていますが、頑固にならないために大事なのは、自分がこだわっている「成功体験」をリセットすることなのです。

かつての栄光や成功にこだわる気持ちを捨てて、心を軽くすることが、いちばんの頑固解消法といえるでしょう。つまり、いまあるものを惜しまず手放して身軽になれば、自然と気持ちは軽くなり、人生を楽しむ余裕が出てくるのです。

この軽い心さえあれば、老後の生活もぐっとポジティブに乗り切ることができるでしょう。こうなれば、「歳だからできない」が、「この歳でもできる」に変わっていくことも夢ではありません。

こういう気持ちの若さこそ、老いに向かう最強の武器になることを、私たちも忘れないようにしたいものです。

「SNSは別世界」と考えておく

物知りの馬鹿は無知の馬鹿より阿呆である。
（モリエール）

中高年にも人気なのがフェイスブックです。基本的に実名を明かし、情報の公開範囲も自由に選べる点が人気の秘密かもしれません。

「今日は友人と行列のできるレストランに来ています」「娘が誕生日に花束を贈ってくれました」「夫と結婚記念日に温泉旅行に来ています」など、楽しそうな画像や情報があふれています。

Fさんは、半年前にフェイスブックを始め、すぐに夢中になりました。つながっている人たちの興味を引くように、こまめに写真を撮り、気の利《き》いた言葉を投稿しました。

フェイスブックには「いいね！」ボタンがあり、投稿を見た人が「これはいい」と思えば、「いいね！」ボタンを押します。それはカウントされ、何人が「いいね！」

を押したかがすぐにわかります。また、投稿に関する感想コメントも残せるシステムです。

Fさんは、「いいね！」の数が多ければ多いほど、またコメントが書き込まれれば書き込まれるほど手ごたえを感じて、ますますのめりこんでいきました。

しかし、たまに「いいね！」が少なかったり、誰もコメントをつけてくれないと、「もしかして、変なことを書き込んだのかな」「こんな投稿じゃ見る気がしないのかな」と不安になることも。

そのため、もっとみんなの目を引く投稿をしなければと、わざわざ人気のカフェに出かけたり、画像を載せるために高いケーキを買ってきたりするようになってしまったのです。

自分の日常を見せることで友人とつながるはずのフェイスブックが、見せるために日常を演出する結果に……。まさに本末転倒になったのでした。

さらに、「あの人はいつも家族自慢ばかりする」といった妬《ねた》みや、「あの人の暮らしには勝てない」といった落ち込みも生まれました。

わざわざ自分の不幸を投稿する人はいませんから、素敵な出来事やちょっとした自慢の投稿が多くて当たり前なのですが、夢中になっているとそれがわからないのです。

また、SNSで自分にコメントしてもらうためには、相手の投稿にもコメントしなくてはなりません。友達の数が増えれば増えるほど、その作業だけで何時間、いや半日も費やす人もいます。Fさんも例外ではありませんでした。そのため、楽しかったフェイスブックが次第に重荷になってきたのです。

フェイスブックにかぎらず、「SNSは楽しいけれどストレスも感じる」と気づいたら、いったん距離を置いてみましょう。しばらくすると、「なんであんなに夢中になっていたんだろう」と気づくはずです。

現実世界の人づき合いと違って、切れたら切れたで別になんともないのがネット上のコミュニケーションです。

SNSは別世界。そう割り切ったうえでコミュニケーションを楽しみましょう。

一〇〇歳を越えても、凛《りん》と生きる

生きる、ということは徐々に生まれることである。
（サン=テグジュペリ）

一九六六年に初来日したビートルズのジョン・レノンは、宿泊したホテルに飾ってあった一枚の絵に感銘《かんめい》を受け、「誰が描いたのか？」と支配人に尋ねたそうです。その作品を描いたのは、書家・篠田桃紅《しのだとうこう》さんです。

黒と白、墨と朱など大胆な色使いで、水墨でダイナミックな構図を描くのが篠田桃紅さんの作風で、一〇三歳のいまも書家、画家、美術家、エッセイストと多彩な活躍を続けています。

篠田桃紅さんは、一九一三年生まれの一〇三歳で、幼少の頃からほぼ独学で書を学び、一九五六年には渡米して、ニューヨークで創作活動を開始。自由で新しい墨の造形に挑み、その作品は「水墨の抽象画」と称されて、和紙に日本画の画材を用いた作品は多くの愛好家を魅了し、とくに海外で高い評価を得ています。

一〇〇歳を越えてもますます精力的な活動を続ける篠田さんは、エッセイストとしても有名で、二〇一五年に出版した『一〇三歳になってわかったこと』はベストセラーとなりました。

とくに、著書のなかには、あちこちにキラリと光る名言がちりばめられていて、鋭い洞察力と感性に注目が集まっています。

「**生きているかぎり、人生は未完成**」

「自然の一部として生まれてきただけ、と思えば気負いがなくなる」

といった哲学的な言葉も、彼女が話すと実にさりげなく、篠田ファンを増やす原因になっています。

また、お金についての洞察も多少ありますが、それは彼女ならではの人生観に裏打ちされたものです。

「**必要なものだけを買っていても、お金は生きてこない**」

「時間でもお金でも、用だけをきっちり済ませる人生は、1＋1＝2の人生です。無駄のある人生は、1＋1を10にも20にもすることができます」などのフレーズは、お金より、その後ろにある精神性や人生哲学を説いた言葉です。

そこには、なにものにもとらわれず自由な心で生きていきたいという篠田さんの信念が投影《とうえい》されているのですが、そのシャンと背骨の伸びた生き方には、清々《すがすが》しさを感じます。

作家の太田治子《はるこ》さんが、篠田さんとの出会いを「若竹のようでいらっしゃる。それが初対面の桃紅さんの第一印象だった。背がすらりと高いしゃっきりとした着物姿の桃紅さんは、実に気さくに現代美術の知識に乏しい私に話しかけてくださった」と書いていますが、一〇〇歳を越えてもきりりとして美しいその姿は、私たちにとって憧れでもあります。

いつまでもみずみずしい感性を保ち続けている篠田さんの若さの秘密は「自然のなりゆきにまかせて、生きています」という、こだわりのない、自由で自然な心にあるのかもしれません。

第4章

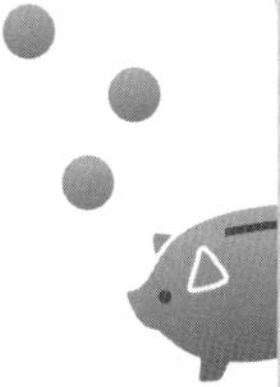

定年後、
大切にしたい
人づき合い

友達こそかけがえのない財産

苦しみをともにするのではなく、
楽しみをともにすることが友人をつくる。（ニーチェ）

ちょっと頭の薄くなったおじさんたちが、「あっちゃん」「まーくん」などと愛称で呼び合う姿は、なんとも微笑《ほほえ》ましいものです。

親友と呼べる友達は「小学校からの幼なじみ」や「高校時代の同級生」「大学のサークル仲間」など、「利害関係がなく、気さくなつき合いのできる人」というのが、もっとも多く見られるパターンです。

もちろん、社会に出てからいい友人に出会えるチャンスもありますし、近所でかけがえのない友達が見つかる例も少なくありません。ただし、しがらみが増えるぶん、子どものときのように無邪気につき合いができなくなるのも事実で、「この歳になってからの友達づくりは難しい」という人もたくさんいます。

そのいっぽうで、社交的な性格を押し出して、どんどん友達を増やしていく積極派もいて、そういう人は、フェイスブックやツイッターなどを通して、多くの人とかかわっていたりします。

友達が増えてうれしい気持ちになるのも、わからないではありません。ただ、歳を重ねてからは、友人の数を誇っても、あまり意味はないと思うのです。人生の酸《す》いも甘いもわかる年代になれば、数は少なくても心から信頼できる友が、ほんの少数いれば、それだけで十分ではないでしょうか。

それよりも、**本物の友人が得られたら、細く長く、着実に友情を育んでいくことのほうが大事です**。円熟の世代だからこそ、とことん友情を深め合うこともできるのです。

お金では買うことのできないもののひとつが友情ですが、若い頃のような競争心や見栄《みえ》を捨てて、子どものように素直な気持ちで接すれば、友達づくりも意外にスムーズにいくのかもしれません。

もちろん、誰とでも仲良くできるわけではありませんが、歳を重ねると、人との〝縁〟の大切さを知って、友情も静かに温められるようになるものです。

そして、ほんとうに心が通い合ったわずかな友人がいれば、孤独や寂《さび》しさを感じることもぐっと少なくなるはずです。

多くの経験を通して学んだことや感じたことを分け合い、共有できれば、老後をもっと心豊かに生きることもできるでしょう。そういう意味で、友人は老後の暮らしを支えてくれる大きな財産です。

昔から「遠くの親戚より近くの他人」などといいますが、いつでも身近でコミュニケーションがとれる友人の存在は、心の拠《よ》り所《どころ》ともなるでしょう。

若い頃は、つい相手の欠点やダメなところに目を向けがちですが、歳を重ねると、できるだけその人のいいところを見て、丸い心でつき合うことができるようになってきます。

このようなオープンマインドの交際術を身につければ、それまでは心を閉ざしていた相手とのおつき合いも可能でしょう。

「いい人だと思われたい」「自分の価値を認めてほしい」といった自己顕示《けんじ》欲をなくし、肩の力を抜いたら、人は向こうから寄ってくるもの。まず自分で張り巡らせたバリアを取り払うことが、熟年期からの友達づくりの第一歩といえるのかもしれません。

孤立だけは絶対にしてはいけない

世界の不幸はただ一人の仲間もないことである。
（ロマン・ロラン）

昔から町内には、ひとりかふたり「変人」「偏屈者《へんくつもの》」「頑固者《がんこもの》」と呼ばれる人がいたものです。なんとなく世間から浮いて見える存在でしたが、誰もその偏狭《へんきょう》さを咎《とが》める人がいなかったのは、時代のせいだったかもしれません。

歳をとると新しい出会いが少なくなり、交際範囲も次第に狭くなりがちです。そうなると、自分の考えや流儀《りゅうぎ》に固執《こしつ》し、思い込みがさらに強くなり、知らず知らずのうちに、社会から孤立してしまうケースもあります。

また、歳をとると体調が十分でなくなったり、歩くのが億劫《おっくう》になったり、万全とはいえないコンディションを抱えることが多くなります。

そうしたときに、「今日はちょっと調子が悪くて出かけられないけど、また今度会おうね」と、素直に言えればいいのですが、プライドが高くて人に弱みを見せられない人にかぎって約束を断り切れないものです。

そこで義理《ぎり》堅く出かけていって友人に会っても、なんとなく不機嫌で、「あの人は最近気むずかしい」などと噂《うわさ》され、結局はつき合いの幅を狭める結果になったりするのです。

ただし、「歳をとると頑固になる」というように単純なものではなく、やむを得ない事情で周囲と距離を取る場合もありますから、そのあたりはまわりの理解も必要でしょう。

定年を迎えた直後に脳梗塞《のうこうそく》を発症した私の知人は、症状は軽かったものの、少し言語障害が残りました。それを苦にして友人と話すのを避けはじめ、電話に出るのも拒否。だんだんと交友関係が狭まっていったのです。

自信を持って堂々と生きてきた人ほど、自分の弱点を見せることができず、どんどん自分を狭い世界に追い込むケースがあります。

また、ある知り合いは、初めて作った入れ歯がぴったりフィットせず、思い通りに発音ができなくなったことから、人と話すのが億劫になり、外出も控《ひか》えるようになりました。実はこういうケースは数えきれないほどあるのです。

人とつき合うのを避けているのではないけれど、体調や心身のコンディションによって、つき合いが難しくなっている場合、なんの弁解もせずに友人たちとの交友を避け続けていたら、孤立は深まるばかりでしょう。

しかし、歳をとってから社会との接点を失うことは、生命線を失うにも等しいこと。ましてや、ひとり暮らしをしている人にとって、それはまさに死活問題ともいえるほど重大です。

地震や豪雨などの被災地で独居《どっきょ》老人が孤立したというニュースが伝えられるようになると、地域コミュニケーションの大切さがいっそう印象づけられます。普段はあま

り意識していなくても、高齢者が地域と密《みつ》にかかわりを持ち、コミュニケーションを保ち続けられるかということは、非常に重要な問題です。

孤独死を遠ざける生き方とは、言い換えれば地域社会のなかで存在感のある生活をすることでしょう。つまり、**自分の存在をきちんとアピールすることが、自分自身を守ることになるのです**。

たとえば、地元の老人会や趣味の集まり、ボランティア活動など、機会を見つけてコミュニケーションを図ってみませんか。

歳をとると、人間関係が煩《わずら》わしく感じられるのもわかります。とはいえ、いざというときのためにも、地域のつながりをおろそかにしないようにしましょう。

そして、プライドを重んじるあまり、善意で差し出された手を拒絶するようなことだけは避けたいもの。素直な気持ちでおつき合いを受け入れれば、楽しい発見もきっとたくさんあるはずです。

まずはご近所と積極的に言葉を交わす

友を得るに急なる勿れ。親友は自然に得る者なり。
（国木田独歩）

ずっと専業主婦を続けていて、町内会や子どもの学校のＰＴＡの役員を何度も経験している……そんな人にとって、近所づき合いはとくに難しいものではないかもしれません。

ところが、仕事中心の生活で、近所とのつき合いはほんの形だけという人にとっては、老後の近所づき合いはちょっと億劫《おっくう》に思えるのではないでしょうか。

しかし、会社から地域社会へと生活の舞台が変わり、地域の一員として暮らす比重が大きくなっていくのですから、狭いコミュニティーのなかで孤立しないためにも、世代に合わせたつき合い方を考えたほうがいいでしょう。

もちろん、待っているだけで自然に人が集まってくるわけではありませんから、こちらからさりげなくアプローチをかける必要があります。もっとも大事なのは、「近所づき合いは面倒」という思い込みを捨てることでしょう。

地域になじめないとか、近所づき合いのハードルが高いと感じるのは、**自分自身が心の垣根をつくって、相手をブロックしているから**かもしれません。そういう警戒心《けいかいしん》をとり除いて肩の力を抜けば、意外と気さくにつき合える人も見つかるのではないでしょうか。

初めから「近所と親しくならなければいけない」と気負うよりも、「気の合う人が見つかればラッキーだ」というくらいのゆるさで、自然に言葉を交わすところから始めていけばいいのです。

そうすれば、いつの間にか、家を空けるときにはひと声かけ合ったり、一緒に買い物に出かけたりするような間柄になり、暮らしやすさはぐんとアップするはずです。

具体的には、まず顔を合わせたら必ず挨拶《あいさつ》をするのが基本です。ひと言挨拶を交わすだけでも、徐々に親しさが増していくものですから、笑顔で「おはようございます」「こんにちは」と、ひと声かけましょう。

しばらく挨拶を交わして慣れてきたら、もうひと言、「今日はお寒いですね」とか「雨が降りそうですね」「今日も暑くなりそうですね」などと気候の話題を出すのが、いちばん差し障《さわ》りがなくていいでしょう。

さらに、もう少し踏み込んで、「駅前に開店したパン屋さんに行きましたか？ 私は昨日行ったんですが、なかなかおいしかったですよ」「来週の防災訓練に参加されますか？ よろしければご一緒しませんか？」などと、情報の交換をしたり、世間話をするのもよさそうです。

ただ、初めから親しげな態度をとりすぎると、「なれなれしい」と思われることもありますから、親しさを増すのも順を追ってゆっくりと。とくにプライバシーに踏み込みすぎるとトラブルの原因になるので、注意が必要です。

また、近所の人に対して過度な期待を持つのは禁物《きんもつ》です。なかには挨拶をしても返事をしてくれない人もいれば、いきなり「お宅は年金どのぐらいもらっているの？」などと、ぶしつけな質問をする人もいるかもしれません。

不愉快に思うこともあるかもしれませんが、そんなときは、「人それぞれ」と割り切るしかないでしょう。

誰にでも合う人、合わない人はいるのですから、どのようなつき合い方をするか、自分で決めればいいだけです。ただし、ご近所と気まずい関係になるのは好ましくありません。大人の対応として、外で顔を合わせれば頭を下げるくらいはしておきましょう。

五〇歳を過ぎれば、誰にでもいい顔をして、八方美人を演じるようなことはしなくていいのです。相手をよく観察して、「この人なら」という人と六〇歳あたりで友達になれれば、ちょうどいい人生の伴走者《ばんそうしゃ》になれるのではないでしょうか。

温かなものの言い方を身につけよう

その年齢の知恵を持たない者は、その年齢のすべての困苦を持つ。
（ヴォルテール）

年配の人には、「人に親切」「話し方が丁寧」「礼儀正しい」などのイメージが強いものです。とくに言葉づかいに関しては、「歳を重ねた人の話し方は心くばりがあって、きちんとした日本語の素晴らしさを教えられる」という意見もよく聞かれます。

「よろしくお願いいたします」「お世話になります」「おかげ様で」は、挨拶《あいさつ》言葉の代表ですが、これらを嫌みなくさらりと使いこなせるのが、年配の人の強みでしょう。

とりわけ「おかげ様」の出番は多く、「最近調子はどうですか？」と聞かれれば、「おかげ様で順調です」と応え、「昇進なさったそうですね」と言われたときも「おかげ様で」と返します。

若い人でも、「このたびはご結婚されたそうで、おめでとうございます」とお祝いの言葉をかけられれば、たとえその人に世話になっていないとしても、「おかげ様でやっと身を固めることができました」などと応えるのが礼儀になっています。

もともと「おかげ様」という言葉は、神仏から受けた助けを「ありがたい」と思うように、人の好意や親切にも心からの感謝を表すための言葉で、美しい日本語のひとつです。

オリンピックでメダルを獲得した選手が、「今日まで支えてくださった皆様のおかげです」と話すのも、周囲に対する感謝の気持ちがあるからで、それを聞いた人にも波紋《はもん》のように感動の思いが伝わるのです。

実は、**「おかげ様で」は、他の言語に変換することのできない、日本独特の言い回し**です。この言葉のベースには、「直接かかわりを持たなくても、人間はどこかでつながっているもの」という共通認識があるようです。

ところで、津軽弁に「言葉情け《ことばなさ》」という表現があるのをご存じでしょうか。これは、相手の境遇《きょうぐう》や立場を思いやって、「ご無事でなによりです」「お変わりなくて安心しました」など優しい言葉をかけること。まさに情を伝えるための言葉です。

この言葉情けの心を生かして、心遣いや感謝の気持ちを伝えるときに「おかげ様」や「お世話様」「ありがたいことに」などのひと言を添えると、それだけで会話が心地よく聞こえるようになるものです。

最近は美しい日本語が次第に失われてきました。正しい言葉づかいが聞けなくなったといわれますが、こんな時代だからこそ、歳を重ねた大人が、きちんとした日本語のお手本を見せるべきではないでしょうか。

若い人の言葉づかいを聞いて、「最近の若者の言葉づかいはなっていない」と思うかもしれませんが、それは彼らに正しい言葉づかいを示してこなかったからかもしれません。

彼らの言葉を非難する前に、率先して美しい日本語を使い、心を伝え合うようにすれば、あとに続く人にもその言葉の文化は伝わっていくはずです。

そして、それは歳とともにたくさんの言語文化を受け継いできた世代が果たすべき、責任といえるのではないでしょうか。

いつもの挨拶に、ひと言をプラスする

男は知っていることをしゃべり、
女は人に悦ばれることをしゃべる。（ルソー）

誰とでも気軽に話ができる人はいいのですが、照れ屋で話が苦手な人とか、人見知りをする人は、近所の人とでもそう簡単に話のキャッチボールができないようです。

では、なにが原因で話がしにくいのかを聞いてみると、「話すきっかけが見つからない」という答えがとても多いのです。

つまり、話を滑り出させるきっかけが見つからないまま、挨拶だけで終わってしまったり、話が盛り上がらなかったりするとか。これでは、ますますおしゃべりが苦手になるわけです。

そこで、どうも話がうまく続かないという人は、短くても親しみを感じさせる挨拶をたくさん引き出しに入れて、そのときの雰囲気に合わせて、気軽に出し入れしてみてはどうでしょうか。

長く会話を続けるというよりも、とりあえず話のきっかけをつくるワンセンテンスを覚えておけば、意外に便利です。おしゃべりに自信のない人ほど、シンプルなフレーズをたくさん持っているといいでしょう。

話のきっかけといえば、人とのコミュニケーションに欠かせないのが挨拶です。幸い、日本語には季節感あふれる挨拶の言葉がたくさんあります。そんな詩情のある語句を会話に盛り込むと、話にいっそうの彩《いろど》りを添え、同時に、話す人の知性を感じさせることにもなります。

季節や気候をテーマにした挨拶で、体裁《ていさい》の整ったフレーズをいくつか覚えておけば、いつもの挨拶がちょっとグレードアップしたものになるでしょう。

○あいにくのお天気ですね

お天気が期待どおりではなかったときに言いたいフレーズ。「残念ですね」という思いを言外《げんがい》に感じさせる、優しい雰囲気の言葉です。

○良いおしめりで

雨は嫌がられることも多いのですが、動植物にとっては恵みの雨。「おしめり」とは、晴天続きのあとに降る雨という意味で、趣のある美しい日本語です。

○過ごしやすくなりましたね

蒸し暑い季節から涼しい季節へ、あるいは寒さの厳しい季節から水ぬるむ季節へと、快適な気候に移り変わるタイミングで使えば、どちらにもマッチする言葉です。「涼しくなりましたね」「暖かくなりましたね」と言うところを「過ごしやすく」にすると、日本語の深みを表現できます。

○梅の（桜の）蕾《つぼみ》がほころびましたね

春の訪れを告げる梅の花や桜の花を通して、うきうきと華やいだ気持ちを伝える言葉です。こうした言葉をきっかけに、会話も弾みやすくなるでしょう。

○緑がきれいな時期になりましたね

新緑が美しい四月から五月にかけて使うと、さわやかな気持ちを感じさせる挨拶の定番です。

○なかなか涼しくなりませんね

暦《こよみ》のうえで秋を迎えても、実際にはなかなか暑さが収まらない頃に、共感を呼ぶ言葉です。「早く涼しくなるといいですね」というニュアンスを込めて言うのがポイントです。

○食欲の秋ですね

実りの秋の定番フレーズ。食べ物を素材にすると話が弾むものですが、なかでも「食欲の秋」は別格です。数えきれない秋の味をテーマに、おいしい話に花が咲くでしょう。

○肌寒くなりましたね

秋が深まり、冬が近づいたら使いたいフレーズです。昼夜の気温差が大きくなる季節には、「そろそろコートが要《い》りますね」など、ファッションを題材にした会話も適しています。

○風邪《かぜ》が流行っているようですね

風邪やインフルエンザが流行する時期には「風邪が流行っているようですが、お変わりないですか?」など、相手を思いやる言葉がふさわしいでしょう。

このように、季節や気候の話題をテーマにすれば、無理なく共感を得ることができ、心の距離を縮めるにはぴったりです。

公民館で「ワンメーター内の友人」をつくろう

あんまり一人ぼっちの人間は、しまいには病気になるもんだ。
（ジョン・スタインベック）

昔から「遠くの親戚より近くの他人」という言葉があります。いざというときに頼りになるのは、すぐ身近で手を貸してくれる人というわけです。

たとえば一人暮らしの人が捻挫《ねんざ》をして歩くのに不自由なときや、風邪をひいて買い物に出かけられないようなとき、わざわざ遠くの親戚や友人を呼び寄せるのは、躊躇《ちゅうちょ》してしまいますね。

ちょっとした手助けが欲しいときやなにか相談に乗ってほしいとき、気軽に声をかけて手伝いを頼める友達や知り合いが近所にいれば、暮らしの安心感はぐっと高まるものです。

それも、その人の家までの距離がタクシーのワンメーター程度で、歩いて行き来ができる場所ならばベストといえるでしょう。

それは、自分の都合からだけでなく、相手がなにか困ったときにもすぐ手を貸せるからです。実際に大病を患《わずら》ったときには、家族や親戚に頼らざるを得ないでしょうが、日常のちょっとした用事や困りごとを手助けしてもらうのは、気軽に声をかけられる友人がいちばんです。

ところが、「近くに、そう簡単に仲のいい友達が見つからない」という人も多いはず。たとえ年代は同じでも、趣味や好みはそれぞれに違うのですから、近所に住んでいるだけですぐ仲良くなれるものではありません。さらに、**やはり待っているだけでは友達はできません**。ここは的を絞って、趣味の似た人のなかから親しくなれそうな友人を見つけてはどうでしょうか。

たとえば、町内会や自治会といった地域の組織に参加して、運動会や防災訓練、盆踊り大会などの活動を通じて仲間を見つけることからスタートする方法があります。

町内会といっても、長年参加している人ばかりでなく、活動期間が短い人もいますから、「これはどうしましょう」「どんなふうにしたらいいですか?」と相談し合ったり、試行錯誤《しこうさくご》を重ねているうちに、自然と親しくなる例は多いものです。

また、友達づくりの穴場ともいえるのが地元の「公民館」です。最近では公民館を

「コミュニティーセンター」と呼ぶところも増えて、モダンなたたずまいのものも多く、地域に根ざした活動をしていながら、堅苦しい雰囲気がなく、誰でも気軽に足を運べるのが、公民館のいいところです。

しかも、公民館には実に多彩な集まりやサークルがあって、ほとんどの趣味は網羅《もうら》されているといってもいいほどです。最近は内容もさらに細分化して、かなりマニアックなグループや個性的なサークルもあり、見学に行くだけでも十分に楽しめるのではないでしょうか。

一例をあげると、書道やカメラ、料理、パソコン、俳句、絵手紙、イラスト、生け花などの文化系グループから、社交ダンスや卓球、水泳、野球、体操、ヨガ、太極拳といった体育系グループまで、好みに応じたサークルに参加できます。ここで共通の趣味を持つ人と仲良くなれたらベストではないでしょうか。**最初から趣味や嗜好《しこう》が似ていれば、親しくなるまでの時間も、短縮できるはずです。**

さらに、最近では日本国憲法を考える会や、家庭菜園同好会、インド映画の鑑賞会、日帰り温泉クラブ、ダイエット料理研究会など、個性的なグループが増えていて、公民館もますます活気づいているようです。

公民館の素晴らしいのは、一定の要件を満たしていれば、自分でもサークルをつくれる点で、自分の学びたいものがなければつくってしまえるのですから、自由度も文句なしです。

また、公民館での活動は営利目的ではないので、ほぼ必要経費のみで、経費の負担も軽くてすみます。

こんなにメリットいっぱいの公民館活動を見逃す手はありません。公民館をご近所の友達づくりの舞台にしてみてはいかがでしょう。

仕事から離れたら、趣味と友人が人生を支える大きな柱になることを心に留めて、ぜひ素敵な友人を探してみてください。

異性の友達が人生をさらに豊かにする

男と交際しない女は少しずつ色褪《いろあ》せる。
女と交際しない男はしだいに阿呆になる。（チェーホフ）

最近では、恋する思いやときめく気持ちが若さを守る秘薬になることが、脳科学でも証明されています。恋はアンチエイジングの切り札になるのではないかと、注目されているようです。

といっても、映画スターやアイドルに夢中になったり、ハンサムなインストラクターのいる水泳教室に通いつめたりするなど、そんな一方的な思いでも、十分に心の栄養になるのです。

ワクワク、ドキドキと心がときめいて、毎日が楽しく感じられれば、それは立派なアンチエイジング。心身ともに若さを保てる、いちばん効果的な方法です。

趣味の集まりやサークルなどでも、男女の仲がいいグループほど定着率も高く、しかも健康な人が多いとか。趣味の種類がなんであろうと、男女がまざって行動することで、元気に弾みがつくのは間違いありません。

よく「女性は恋をすると美しくなる」と言いますが、それは何歳になっても同じことで、**異性の目を意識すると自然に身なりや振る舞いに気をつけるようになり、肌の艶《つや》や声の張りにまで変化が表れる**のです。

いちばんわかりやすく表れるのが、女性のお化粧《けしょう》のようです。男性の前に出るときはお化粧が念入りになり、見かけもきれいになるわけですが、なによりも精神的な若さが表れて、溌剌《はつらつ》として見えるのではないでしょうか。

男性も、きちんと髭《ひげ》をそり、明るい色の服を着て出かけるなど、メンタルな若さが増すと、背筋までシャンとして見えます。

こうして毎日に張りが出てくると、お互いに楽しい気分になり、歳をとっても魅力的な男や女になろうと努力しますから、ますます老化とは縁遠くなるわけです。

一九九六年に九八歳で亡くなった作家の宇野千代《ちよ》さんは、「恋に生きた女性」といわれました。宇野さんは若い頃から何度も恋愛を重ねてきたのですが、「新時代の女性は、その全生涯が凡《すべ》て〝結婚適齢期〟である」と書いています。

もっとも、異性に対する意識といっても、いちばんいいのは、これまでのパートナーにもう一度惚《ほ》れ直し、若い頃の恋心を取り戻すことです。**長いときを共に歩んできた幸福感は、夫婦にとってかけがえのないもの**。しみじみと二人の年月を振り返りながら、穏やかな愛情を分かち合えたら理想的ですね。

パートナーに先立たれた人の場合は、共に歳を重ねていく新しいパートナーを求めるのも、決して恥《は》ずかしいことではありません。趣味の集まりなどで心が通じ合う相手を見つけることもあるでしょう。ただし、再婚となればさまざまなハードルがありますから、おつき合いはあせらずに、十分に時間をかけるのが基本です。

親切とお節介を間違えない

善行は悪行と同じように、人の憎悪を招くものである。
（マキャヴェッリ）

「小さな親切、大きなお世話」という言葉がありますね。本人は善意でやっていても、その好意が素直に伝わらず、なんとなく煙《けむ》たがられる人や、せっかく善意で手助けしても「余計なお世話」と思われる人がいます。親切とお節介《せっかい》の区別はなかなか難しいものなのです。

職場や近所でも、ひとりやふたりは「いい人だけど、あまりつき合いたくない」という人がいて、そういう人は、なんとなく自分の意見や主張を押しつけてくるタイプではないでしょうか。

地域の役員を務めるHさんは、なにをやらせても手際がよくて頭の回転も速い。だから、他人のやり方が気に入らないのか、すぐに、「そんなやり方じゃダメ」「いいからこうしなさい」と、一方的に命令しがちです。

本人は親切なアドバイスのつもりかもしれませんが、言われた側としては、「なんでも自分を基準に考えないで」「できない人の気にもなってほしい」と思い、反感を持たれていました。

またHさんは完璧主義で、だからこそ、重箱の隅をつつくような指摘をするため、余計に煙たがられるのです。

仕事上では手早さと完璧さの両方が求められますが、**地域の役員活動はもっとゆるく、どちらかといえば親睦《しんぼく》にもっとも重点が置かれます。**そのため、Hさんの「よかれと思ってやったこと、言ったこと」は裏

目に出てしまったのでしょう。

こうしたことは、どこにでもよくある話で、なおかつ本人に自覚がないのが特徴です。また、正面切って「あなたはひと言多い」とか「余計なお節介は有難迷惑だ」と言ってくる人はいません。セルフチェックが大切になりますから、「自分はどうかな?」という客観性と冷静さを持ちましょう。

また、頼まれもしないのに、「私がやってあげるから」「私がやってあげておいたから」と、誰かに感謝されることで、自分の存在価値を確かめようとする人もいます。

いまの世の中では、人間関係は以前よりもっとあっさりしたものになっていますから、押しつけがましい親切は喜ばれることはありません。相手が求めることに対してだけ、しっかり応じるようにするのが、いいのかもしれません。

「ネガティブ言葉を口にしない」ようにブレーキを

明るい性格は財産よりもっと尊い。
（カーネギー）

「あら、今日は顔色がよくて元気そうね」と言われるのと、「あら、なんだか元気がないみたい。大丈夫？」と言われるのと、どちらのほうが気持ちよく受け取れるでしょうか。

私たちは、明るく優しい人と一緒にいると、自分まで明るい気分になりますが、いつも愚痴《ぐち》をこぼしたり、ネガティブな発言をする人といると、こちらまで気分が滅入《めい》ってしまうものです。

もし会うたびに「歳はとりたくないものね。目は疲れるし、膝《ひざ》は痛いし、いいことなんか一つもないわ」「どうせ私なんか、家族の厄介者《やっかいもの》なのよ」などという言葉を聞かされたら、聞いているこちらまでブルーな気持ちになってしまうでしょう。

これは極端な例としても、言い方ひとつで伝わるイメージがまったく異なってしまう場合があります。

「シャツにアイロンがかかっていないと、一日気分が悪い」というのと、「シャツにアイロンがかかっていると、一日気分がいい」というのは、同じ意味のことを言っているのに、イメージはまるで逆に聞こえますね。

つまり、否定的な言葉を使うとネガティブになり、肯定的な言葉を使うとポジティブに聞こえるという単純なことなのですが、こんな簡単なことに気がつかない人が意外に多いものです。

職場で「このアイデアはいまひとつだな」と言われたら、自分の意見が否定されたようでいい気はしませんが、「このアイデアはあと一歩のところだね」と言われたら、及第点に近いのだろうと希望が湧《わ》いてくるのではないでしょうか。

よく日本語は難しいといわれますが、それは言葉の解釈の多様さにあるのでしょう。だからこそ、**日常的に話す言葉にも、意識的にポジティブなニュアンスを持たせると、周囲とのコミュニケーションがよくなる**はずです。それによって、お互いにやる気が出たり、テンションが上がったりすることも多いでしょう。

ただ、世の中には明るい笑顔で周囲を楽しくさせる人もいれば、暗い雰囲気で「負」

のオーラを放つ人もいます。

このようなネガティブオーラを持つ人に共通するのは、やはり「自分なんかダメだ」「でも、私には無理よ」という否定的な発言が多い点です。

こうした心理を少し掘り下げてみると、結局、自分自身を愛していないこと、自分の存在を肯定していないことに行き当たり、むしろ自己嫌悪の気持ちが強く感じられます。

高齢者の場合、「どうせ誰も私に期待してないでしょう」「どうせ私の話なんか聞きたくないでしょう」という否定的な思いが、卑屈《ひくつ》な態度になって表れることもあります。

でも、言い方ひとつで自分自身の心持ちまで変わるなら、自己暗示のつもりで、自分にも他の人にも常にポジティブな言葉をかけてみましょう。やがて、それがいい意味での自己洗脳《せんのう》になって、明るい雰囲気が自然に身につくようになるでしょう。

もちろん、たまに愚痴を言う程度なら問題ありませんが、あまりネガティブな発言ばかり続くと、大事な友達を失いかねません。

しかも、こうした発言の問題点について、自分では気づいていない人が多いので、時には自分の発言をチェックしてみるといいでしょう。何気ないひと言で、知らず知らずのうちに嫌われないよう、くれぐれもネガティブ発言には気をつけたいものです。

会話のなかに「ありがとう」をもっと増やそう

朝夕の食事は、うまからずとも褒めて食うべし。
（伊達政宗）

誰かが自分のためになにかしてくれたとき、なんといって感謝の気持ちを伝えるでしょうか。ほとんどの人は「ありがとうございます」「感謝します」「恩に着ます」「サンキュー」など、うれしい気持ちを言葉にしますね。

ところが、日本語では「ごめんね」や「すみません」「恐縮です」「恐れ入ります」といったお詫《わ》びの言葉も、感謝を表す言葉のなかに入るので、少し複雑です。

たとえば、電車やバスであとから来た人のために席を詰めてくれた人に対して、普通は「ありがとうございます」と言いますが、実際には「すみません」と言う人が多くて、その数はほぼ半分近いのだとか。

これは、「気を使わせてすみません」という意味で、日本人らしい言葉づかいなのですが、あまりへりくだると、かえって相手を恐縮させてしまいます。できれば素直な気持ちで「ありがとうございます」とするほうがいいのではないでしょうか。

プレゼントをあげた相手に「こんなにしてもらって申し訳ないです」と恐縮されるより、「ありがとうございます。とってもうれしいです」と喜んでもらえたほうが、ずっと気持ちのいいコミュニケーションができますね。

そもそも、「ありがとう」は漢字で書くと「有難う」となるのですが、その語源は「有難《ありがた》し」。つまり、あることが難しく、めったにないこと、非常に稀《まれ》なこと。

この言葉の出典は、法句経《ほっくぎょう》という経のなかの「人の生を享《う》くるは難く、やがて死すべきもの。今いのちあるは有り難し」という一節です。意味は、「私たちは、数えきれない偶然と無数の先祖の計らいによって生まれたのだから、命の尊さに感謝して精一杯生きなければいけない」というものです。

要は、当たり前のことを当たり前と思わず、有り難いことだから感謝しようというのが「ありがとう」の真意です。そう考えると、「ありがとう」が、実に哲学的で奥の深い言葉だということがわかります。

きれいな日本語はたくさんありますが、**その言葉を聞いただけで心が温かくなり、優しい気持ちになれる言葉の代表は「ありがとう」**ではないでしょうか。

なによりも、人に「ありがとう」と言われて、不愉快になる人や気分を害する人は、まずいないでしょう。たとえどんなに意地悪《いじわる》な人でも、へそ曲がりでも、「ありがとう」と言われれば、悪い気はしないものです。

それだけに、この言葉を架け橋にして、コミュニケーションの幅を広げていければ、どんなに素敵でしょう。

ただし、多くの人とつき合う前に、まず固めておきたいのは、家族との絆です。日本人男性の場合、奥さんや家族に対して素直に「ありがとう」が言えない人が少なくないようですが、ある年齢になれば、この癖《くせ》は改めてもらいたいものです。

昔の日本人は、「以心伝心《いしんでんしん》」で、言葉に出さなくても心が通じればいいと考えたかもしれませんが、あっという間に過ぎ行く人生のなかで、大切な人に感謝を伝えられなかったら、きっと悔《く》いが残ります。

少なくとも還暦を迎えて、人生をリスタートするまでには、子どものように素直な心で、「いつもありがとう」と、家族に言葉がかけられるようにしておきたいものですね。

「素の自分を出す」ことをためらわない

話上手の第一の要素は真実、第二は良識、第三は上機嫌、第四は頓知《とんち》。
（ウィリアム・テンプル）

俳優に「喜劇と悲劇では、どちらを演じるほうが難しいですか」と聞くと、ほとんどの人から「間違いなく喜劇です」という答えが返ってきます。

この答えが示す通り、人を笑わせるのはプロでも難しいこと。一般の人が大勢の人に笑いを振りまくのは、さらに難しいでしょう。

ただ、ユーモアを持って会話をしたり、心にユーモア感覚を持ち続けるのは、誰にでもできることです。意図的に人を笑わせたりしなくても、**ちょっとした茶目《ちゃめ》っ気があるだけで、人間関係はもっと楽しいものになる**はずです。

他の人とうまく打ち解けられないタイプの人がいますが、そういう人の周囲には、なんとなく近寄りにくいバリアが見えるものです。

「おとなしいだけで面白味がない」「真面目だけどとっつきにくい」といった印象が強くて、なかなか友達ができない人は、知らず知らずのうちに心を閉ざしていることが多いのではないでしょうか。

その原因は、「いい人と思われたい」「尊敬されたい」「バカにされたくない」という思いが強くて、素直な自分を出していないためかもしれません。

しかし、ある程度の年齢になったら、そんな心の鎧《よろい》は脱ぎ捨てるほうが、その後の人生がぐんと軽やかになります。

もし、「もっとほんとうの自分をわかってほしい」という気持ちがあるなら、飾り気のない「素」の自分を、どんどん出してみてください。

たとえば、登山の話をしているときに、

「実は、私は長い間、勘違《かんちが》いをしていたことがあるんです」

「え？　どんなことですか？」

「『アルプス一万尺　小槍《こやり》の上で』という歌がありますよね。私はあれをずっと『アルプス一万尺　子ヤギの上で』だと思っていて、子ヤギに乗るなんてひどいことするなっていつも思っていたんです」

こんな打ち明け話をすれば、「そうですか、それは面白いですね」と、自然に笑いを誘うのではないでしょうか。

心理学者の内藤誼人《よしひと》さんは、「自分のドジなところを披露《ひろう》すると、それだけ人として近寄りやすい雰囲気を出すことができる。自分をネタにしたユーモアには、気さくなイメージを出す働きがあり、自分のバカさをおおっぴらにすれば、どんどん好かれるようになる」と話しています。

このように、強がっている人にはあまり近づきたくないけれど、**平気で自分のスキを見せる相手には親近感を覚えるのが人間**というわけです。

会話にアクセントをつけるためにも、さりげなくユーモアのセンスを身につけて、話を弾ませたいもの。そのために、ユーモアたっぷりの本を読んだり、サラリーマン川柳《せんりゅう》を楽しんだりするのもおすすめです。

ユーモアは、脳の老化を防ぐ特効薬でもありますから、笑いを心の栄養に、ウィットに富んだ会話を楽しみたいですね。

気前のいい人になってはいけない

多くの友を有する者は、一人の友をも得ず。
（アリストテレス）

他人から言われて気持ちのいい言葉。そのナンバーワンはなんといっても「ありがとう」でしょう。

人は誰でも、「誰かの役に立ちたい」「人から感謝されたい」という気持ちを持っていますから、「ありがとう」のひと言は心地よく感じるのです。

相手から「ありがとう」を手軽に引き出すには、モノをプレゼントする、なにかを買ってあげる、食事をおごるなど、「お金を使う」方法があります。

人に親切にしたり誠意を見せるなどして感謝される方法もありますが、こちらは手間もかかりますし、確実に相手から「ありがとう」を引き出せるとはかぎりません。

つまり、「ありがとう」をたくさん言われたければ、気前のよい人になればいいのです。

五〇代ともなれば、若い頃と違って多少お金に余裕があります。たとえば、みんなで食事に行ったとき、「ここは私に任せて」と支払いを一手に引き受けたり、ひとり三〇〇〇円ずつという会計のときに、「おつりはいいから」と、気前よく一万円札をポーンと出せばいいのです。そうすれば、確実に参加者から「ありがとう」の言葉をもらえるはずです。

しかし、その言葉は、心からの感謝でしょうか。

きっと、仕事を手伝ってあげたあとの「ありがとう」や、面倒なことをみんなの代わりにやったときの「ありがとう」のような重みはないはずです。

また、真心や誠意に対する感謝はいつまでも続くのに対して、**お金がらみの感謝はその場かぎり**という特徴もあります。

さらに厄介《やっかい》なことに、表面では感謝してくれていても、陰では「あの人は金に物を言わせていやらしい」「自分が豊かなところを見せつけて、感じが悪い」などと陰口をたたかれるケースもあるのです。

懐を痛めたうえに陰口をたたかれたのでは、つまらない話ですね。お金は「どれだけ使うか」より、「どう使うか」ということでしょう。

日頃から気前のよさを見せつけるより、ここ一番というときにお金を使うようにしましょう。それが、五〇代以降のスマートなお金の使い方だと思います。

気持ちよくおごり、おごられる関係を保つ

むずかしいのは愛する技術ではなく、愛される技術である。
（ドーデ）

女性は割り勘で飲んだり食べたりすることに対して、比較的抵抗が少ないようです。そのため、飲食店のレジ前で個別会計の列をつくったり、席で小銭を出して、きっちり金額を合わせる姿を見かけます。

いっぽうの男性は、こうしたお金のやり取りが面倒なのか、「今日は俺が」「いやいや、私が」などと伝票の取り合いをすることが多いのではないでしょうか。

結局は、年齢が上の人が支払うようになりがちですが、年齢と財布の中身は必ずしも比例するとはかぎりません。

だからこそ、五〇代になったら、「無条件で年上がおごる」という習慣はやめ、時に割り勘、あるいは、気持ちよくおごったりおごられたりする関係をつくっていきたいものです。

しかし、「おごるのは簡単だけど、おごられるのはどうも……」といった声も耳に

します。数で言えば、「おごられるのが苦手」という人のほうが多いかもしれません。それは、「相手に散財をかけるのが悪い」という日本人ならではの遠慮《えんりょ》深さでしょう。

でも、**おごってもらうのは、必ずしも相手に負担をかけているとはかぎらない**のです。

たとえば、相手の行きつけの店で一緒に飲むとき、連れて行ってもらったほうが支払うと、逆に相手の面子《メンツ》をつぶしてしまいます。行きつけの店は、いわゆるその人のホームグラウンドですから、支払いを任せるほうがその人の顔を立てることになるわけです。

ただし、このときは「こんなにいいお店に連れてきてもらったうえに、ごちそうしていただき、ありがとうございます」とか、「今日はいいお店に連れてきてもらえて、ほんとうに楽しかったです」と、いつもより多めに感謝の気持ちを伝えましょう。そのときは、「いいお店」とほめるのを忘れてはいけません。

たとえ相手がひいきにしている店でも、おごられっ放しでは気が引けるという人もいるでしょう。こんなときは、やはり店では気持ちよくおごってもらい、「今度は私が」とおごり返すか、あるいは、後日、心ばかりのお礼の品を渡すのがスマートです。

五〇代を越えた友達づき合いには、どうしても飲食の場面が欠かせません。だからこそ、お互いが気持ちよくおごったりおごられたりできる関係を、意識して作り上げていく必要があると思います。

こんな断り方なら、相手に悪感情を持たれない

放たれたことばは、再び帰らず。（ホラティウス）

歳をとってからの友人の大切さは、よくわかっていただけたでしょう。とはいえ、誰とでも仲良く、いつも笑顔で接するというのも難しいものです。

とくに興味のないことや関心を持たないことに関しては、声をかけられても、「NO」と拒否したくなるのもわかります。

ただ、近所の人や親しい友人知人から誘いがあったとき、「そういうことには興味がないから」「わざわざ出かけるのは面倒くさいから」といった消極的な理由で断るのは、もったいないかもしれません。

とくに、仕事関係以外の知り合いが少ないとか、それまで地域のコミュニティーに参加することがなかった人は、「とりあえず見てみようかな」「行ってみようかな」と好奇心を全開にして、出かけてみてはどうでしょう。

誘ってくれる人がいるというのは、大きなチャンスと考えてもいいでしょう。家にいても、別に新しい出会いはありませんから、出かけるだけでも十分です。

もし、行ってみてあまり面白くなかったり、苦手だと感じたら、次からは断ればいいだけのこと。そんなに深く考える必要はないのです。

ただ、誘いを断るにしても、一定の配慮《はいりょ》は必要です。あまり邪険《じゃけん》に拒否すると、「この人はつき合いが悪い」「歩み寄る気持ちがない」と受け取られて、その後のコミュニケーションがぷっつり途絶《とだ》えてしまうなどということも考えられます。

とくに、なにかを頼まれたり、どこかへ誘われたりした場合は、断るにも慎重に言葉を選びましょう。

断るときに、「すみませんけれど、これはできません」「悪いけど、これは無理です」などと言うのは、拒絶感の強さが目立ちます。「すみません」「悪いけど」という言葉がついているから、丁寧な気持ちが伝わるだろうと思っていても、言葉のなかに潜んだ横柄《おうへい》さはすぐに見抜かれてしまうものです。

断るにしても、「残念ながら」という気持ちを込めないと、次に誘われる可能性は低くなるでしょう。

「お誘いいただいてありがとうございます。ただ、先約があって。どうぞお気を悪くなさらないでくださいね」

「申し訳ありませんが、今回は辞退させていただきます。次の機会には、またお誘いください」

などと言いますが、大切なのは、断ったままで話を終わらせず、「またお誘いくださ い」というフォローの言葉を必ず付け加えることです。

「どうぞこれに懲《こ》りずに、またお誘いください」

「次の機会を楽しみにしておりますので、またぜひお声をかけてください」

こんな言葉で、次につなげる心くばりが必要です。

また、断りの言葉は、恐縮した表情で頭を下げ、残念な気持ちを表すのが基本です。

反対に、こちらから誰かにお願いごとをするときは、

「勝手を言って申し訳ありませんが、お引き受け願えませんでしょうか」

「お引き受けいただけると大変ありがたいのですが、いかがでしょう」

などと丁寧に言いますが、断られたときに不愉快な表情をするのは絶対にいけません。

「無理を承知でお願いしたことですから、どうぞお気になさらないでください」

と、笑顔を浮かべて、相手の負担にならないように気配りするのが大人のマナーです。

「目は口ほどにものを言う」といいますが、**言葉以上に、声の調子や顔の表情など、その人の人間性を感じさせるプラスアルファが印象に残ります。**

どんな場合も、心を開いて微笑《ほほえ》みを投げかければ、それがいちばんの社交術になるはずです。

第5章

五〇歳からの充実時間の見つけ方

江戸の人たちは老年期を楽しみにしていた

老後一日楽しまずして、空《むな》しく過ごすは惜しむべし。
老後の一日、千金にあたるべし。
（貝原益軒）

テレビで見る水戸黄門は、私たちが思い描く憧れの老人の姿そのままではないでしょうか。「あんなご隠居《いんきょ》さんなら、なってみたいものだ」と思った人もいるでしょう。

江戸時代、一般人の寿命は四〇歳以下だったとされていますが、水戸黄門の名でおなじみの徳川光圀《みつくに》は七三歳という長寿を全《まっと》うしました。六〇を過ぎて隠居してからは領内の古墳の調査や神社の祭神《さいじん》の整理に力を尽くし、有名な『大日本史』の編纂《へんさん》にあたるなど、充実した人生を送ったのです。

ところで、江戸時代に使われていた「老入《おいれ》」という言葉を知っていますか。

江戸時代には五〇年を「一期《いちご》」と考えて、「一期」の勧めを終えたあとは「老入」を迎え、武家や商家では五〇歳で隠居をするのが習わしだったそうです。

当時は若返りという考え方にあまり重きを置かなかった時代で、歳をとってもそれを「老後」とはいわず、「老入」といって、新しい生活に入るという意味で使われたのです。**老後を人生の終着点と考えるのではなく、老境の入り口として捉えた**というわけでしょう。

悔いのない往生《おうじょう》を遂げることを、「往生際《ぎわ》がいい」といいますが、江戸時代には、死を淡々と迎えることが、往生際のよいことの代表だったようです。

現在のように医療が発達していない時代ですから、大病を患《わずら》えばそれで命が尽きるのは自然なことでした。死から逃れることができないのならば、できるだけ散り際を美しく逝《い》こうと考え、「老入」とは正反対の「死光《しにひかり》」という言葉も生まれました。「死光」とは、死に際の立派なことや死後に残る栄光のことで、「死に花」ともいわれました。

こうした往生際に対する考え方は、まさに町人の武士道ともいえるものです。

彼らが現役を退いて「老入」するのを楽しみにしていたというのも、若い頃から胸にこうした覚悟があったからかもしれません。

江戸っ子には、「生きるのも粋《いき》なら、死ぬのも粋にいきたい」という考えから、町人でも人生を締めくくる辞世《じせい》の詩歌を残す人も少なくなかったとか。

『東海道中膝栗毛《とうかいどうちゅうひざくりげ》』で知られる十返舎一九《じっぺんしゃいっく》は六七歳で亡くなりましたが、その辞世の句は、

「此《こ》の世をばどりやお暇《いとま》に線香の煙と共に灰左様なら（この世をそれではお暇としよう。手向けの線香の煙とともに、灰となってはいさようなら）」

というもので、からりとしたユーモアのなかに作家らしい達観《たっかん》した人生観がうかがえます。

私たちも「老後」と思うのではなく、円熟した「老入」の時代と考えて、江戸っ子さながらの粋な人生を歩みたいものです。

貯めるばかりの人生はつまらない

つまらぬ財産よりもりっぱな希望を持つほうがましだ。
（セルバンテス）

「九五歳で孤独死した老人の金庫には、二億円の現金が残されていた」

新聞や雑誌でこのような見出しを見ることがあります。「それだけお金を持ってい

ても、ひとり寂《さび》しく亡くなったのでは意味がない」「お金を貯め込むばかりで使い方を知らない人だったのだろうか」など、いろいろな感想を持つと思います。

確かに、どんなにがんばってお金を貯めても、あの世まで持っていくことはできません。それでも、貯金がないと不安に思ってしまうのは、家計が貧しいというよりは、心が満たされていないからではないでしょうか。

書店には「老後のゆとり資金」といった中高年向けの雑誌が並んでいて、つい気になってしまうという人も多いでしょう。これらの雑誌を見ると、老後の平均必要資金は夫婦で月約三〇万円、必要預金額は五〇〇〇万円程度と設定されていて、これを下回ると生活が苦しいような印象を植え付けられます。

また最近では、「下流老人《かりゅうろうじん》」という言葉も登場して、高齢者の生活苦が社会的にもクローズアップされています。

ただ、老後の生活資金を多いと見るか少ないと見るかは人それぞれです。一定の尺度があるわけではありません。

人間の欲望には限りがありませんから、たとえいくらお金を持っていても、これで満足できるという金額もなければ、完全に不安が消えることもないでしょう。

たとえ一億円以上の高額な貯蓄があっても不安を抱いている人もいれば、全財産が一〇〇万円でも「これだけあれば大丈夫」と気楽に暮らしている人もいるのです。

ただ、日本の長い歴史から見ても、日本人がこれほど多くの貯蓄を持てるようになったのは、第二次世界大戦以降、ごく最近になってからです。それまでは、家族が食べていければそれで十分という生活者が大多数で、貧しさに対する感受性はいまと大きく異なりました。

もちろん生活していくうえでお金は大切ですし、ゆとりのある暮らしは誰もが望むことですが、いくら雑誌や新聞で「毎月の生活費は三〇万円、預金は六〇〇〇万円以上は用意したい」などと書かれていても、それを鵜呑《うの》みにして、あまりにも高いハードルを設けるのは考えものです。

むしろ、定年を迎えて競争社会から一歩距離を置いたのなら、「人は人、自分は自分で、マイペースにいこう」と割り切ったほうが、よほど気がラクですね。

まして、「〇〇さんのお宅では、家賃収入が毎月五〇万円ある」など、他人の家計を覗《のぞ》いて一喜一憂する必要などまったくないでしょう。

あの世までお金は持っていけないのなら、自分の稼《かせ》いだぶんは堂々と使い切っても、

誰からも文句は出ないでしょう。

「子どもに少しは残したい」という気持ちもわかりますが、子どもにいくら財産を残しても、それで子どもの人生が保障されるわけではありません。

それよりも、あまりストイックにならず、自分が心豊かに暮らせることを最優先にするのが、健全な老後の生活といえるのではないでしょうか。

お金は使って初めて価値があるものです。ある程度の年齢になったら、いい思い出をつくるためにお金を使うのも素敵です。

たとえば夫婦で旅行に出かけたり、家族で外食をしたり、孫とおそろいのセーター

を編んだり、友達と日帰り温泉に行ったり、観劇やコンサートに出かけるなど、心に残る出来事をコレクションするのも、老後の醍醐味《だいごみ》といえるでしょう。

思い出すたびに微笑《ほほえ》みが浮かぶような思い出をたくさんつくることが、なによりの贅沢《ぜいたく》なのではないでしょうか。

「学ぶ」楽しみへの投資は惜しまない

好奇心は力強い知性の最も永久的な特性の一つである。

（サミュエル・ジョンソン）


私は健康のため、時間を見つけては歩くようにしています。そんななかで、時折顔を合わせる同世代の女性がいるのですが、何か月ぶりかに会ったときにハッとしました。なぜなら、艶々《つやつや》と顔色もよく、何歳か若返ったような印象を受けたからです。

「ずいぶんお元気そうですね。なにか効果的なアンチエイジングでもはじめられたのですか？」と聞いたところ、「別に若返りが目的ではないのですが、実は去年から学校に通っているんです。予想以上に授業が面白くて、いまでは講義の日が待ち遠しいくらい。昔は勉強なんか大嫌いだったのに、この歳になって大学通いが楽しみになるなんて、おかしいものですね」と、弾けるような笑顔で応えてくれました。

確かに中年を過ぎてから勉強に興味が湧《わ》いて、「もっと勉強してみたい」「もう一度専門的に学びたい」と思う人は多いようですね。大学の公開講義に参加する人の数は、年々増え続けているそうです。

四年制大学に入り直して本格的に学ぶ人もいますが、それでは経済的にも時間的にも負担があります。ほとんどは自分の好きな講義だけを選んで受講できる「オープンキャンパス」で公開講義を受けているようです。

オープンキャンパスは、受講日数が少なくても単位が足りないなどということもなく、純粋に知りたいことだけを学べるので、気軽に学生生活を始められます。

また、「**大学のアカデミックな雰囲気のなかで、学生時代に戻ったような気持ちになれるのがなにより楽しい**」という人も多く、それが若返り効果を高めている原因かもしれません。

なかには友人を誘って講義に通う人や、夫婦そろって公開講義を受ける人もいて、人間関係にも新鮮な変化があるのだとか。

家庭での会話が少なかったカップルは、同じ講義を受講することで共通の話題が増え、夫婦仲も前よりずっとよくなったということです。

本来、リタイヤしてから新しい趣味を見つけるのは、なかなか難しいのですが、公開講義で学んだことやキャンパスでヒントを得たことのなかから「これは」というテーマに出合えることもあります。

「歴史」「文学」「伝統」「芸能」「語学」「地方史」「人文科学」などは、深く掘り下げれば、生涯をかけて学ぶ価値のある題材ばかりです。

もちろん、積極的に勉強することは脳の活性化に役立ちますし、こうして知的好奇心を満たす生活をしていれば、心身ともに老化のスピードは遅くなり、気持ちに活力も出てくるはずです。**なにかを知りたいという意欲や探究心は、若さを保ついちばんのエネルギー源になるでしょう**。

さらに、図書館や博物館、美術館や史跡など、インテリジェンスを感じさせる施設を行動半径に取り入れることで、周囲の環境にも変化が生まれ、ますます刺激的になってきます。人生の楽しみを見つける場所は、ほかにいくつもありますが、知的な環境で脳の老化を防ぎ、新しい人間関係をつくりながら好奇心を満足させられるのは、教育機関がいちばんではないでしょうか。

さらに、散歩で知り合った女性は、「もう歳をとって枯《か》れていくだけだと思っていたのに、いろいろなことを学ぶうち、毎日がすごく楽しくなってきました。最近は人生をめいっぱい楽しんでいる感じがします」とうれしそうに話すのを見て、こちらにも元気が伝わってくるようでした。

その生き生きとした彼女の言葉から、自分が「ここまで」とストップをかけないかぎり、人生の楽しみは尽きないのだとあらためて教えられた気がします。

いくつになっても好奇心が脳を活性化する

希望に生きる者はつねに若い。

（三木清）


「私には特別な才能などありません。ただ、ものすごく好奇心が強いだけです」

これは、相対性理論で知られる物理学者アルベルト・アインシュタインの言葉です。

この言葉どおり、なにかを知りたい、もっと探求したいという気持ちがあるかぎり、人間の成長は止まらないのでしょう。好奇心は、私たち人間を突き動かす、心のエネルギーなのかもしれません。

最近では脳科学の研究が進み、さまざまな脳の神秘が解き明かされていますが、米国精神学会では、二〇一三年に「いくつになっても好奇心が脳を活性化する」という研究結果が発表されました。知的な好奇心が脳の力を高め、認知症を予防することを明らかにしています。

たとえば、読書や書き物、知人との会話などによって脳に刺激を与えることは、高齢者を含めるすべての年齢層で認知能力を維持する働きがあり、認知症予防にも役立つことが報告されたのです。

米国ラッシュ大学の医療センターでは、約三〇〇人の高齢者を対象に、思考や記憶の活性化についてのテストをした結果、**「脳の訓練」をおこなう頻度が高かった人は、普通程度の人に比べて記憶力の低下は三二パーセントも抑えられていた**といいますから驚きです。

いっぽう、脳の訓練をほとんどやらない人は、普通程度の人に比べて、記憶力低下の速度が四八パーセント速くなっていたといいます。

脳に刺激を与える活動といっても特別なプログラムがあるわけではなく、読書をしたり、音楽を聴いたり、楽器を演奏したり、書き物をするなど普通のことばかり。なかにはチェスのようなゲームをすることや劇場や美術館、博物館に行くこと、子どもと遊ぶなども含まれていましたが、基本的に自分の好奇心のままにおこなわれたことであり、命令されたり、無理強いされたことは含まれていませんでした。

このことから、ラッシュ大学のロバート・ウィルソン博士は、「**知的な活動をして、脳に適度な刺激を送り続けることは、年齢がいくつであっても、あなたが誰であっても、一生のあいだ継続できることです。**いつまでも好奇心を持って活動的であること

は、認知能力の低下だけでなく、認知症の予防にもつながります」と話しています。

日本にも衰えぬ探究心と好奇心で、ばりばり仕事をしている人や、西へ東へと駆け回っている人など、まったく年齢を感じさせない人がたくさんいますが、共通しているのは、やはり内面からわき上がるバイタリティの強さです。

一〇七歳の死の直前までアトリエで仕事をしていたというのが彫刻家の平櫛田中《ひらくしでんちゅう》。なんと一〇〇歳の誕生日に、さらに三〇年ぶんの彫刻の材料を買い込んだというからすごいではありませんか。

「六十、七十は洟垂《はなた》れ小僧。男盛りは百から、百から」もこの平櫛の言葉です。実際、一〇〇歳を越えてからも毎朝、じっくりと新聞を読み、彫刻の題材になりそうな記事はせっせと切り抜いていたそうです。自分の世界を広げることの大切さが伝わってくるようではありませんか。

難しく考えることはありません。自分が好きなことや興味のあること、面白く感じることを見つけたら、とにかくトライしてみるだけです。

そうして夢中になにかに取り組んでいれば、脳の活性化はあとから自然についてくるはず。好奇心には老いを撥《は》ねのけるだけのすごいパワーがあるのです。

後悔のない人生にするために知っておきたいこと

才能は永い努力の賜物である。
（フロベール）

「歳をとると、体力も気力もダウンして、つくづくパワー不足を感じてしまう」

こんなため息が出るようになったら、老いても衰えを知らない、先人たちのパワフルな人生をのぞいてみるといいでしょう。

たとえば、世界的な考古学者として有名なハインリッヒ・シュリーマンです。実業家として大成功を収め、巨万の富を得たあとは、四一歳で業界を引退。子どもの頃からの夢だったトロイ遺跡の発掘に取りかかったのは、四六歳のときでした。

昔なら老年といわれた歳からのスタートでありながら、精力的な活動はとどまることを知らず、ホメロスの物語の舞台である「トロイ」発見のため、トルコのヒッサリクで発掘を続け、城壁や財宝などを発見して、ついに伝説のトロイ文明の実在を証明したのです。

シュリーマンの残した言葉に「**夢を持つと、苦難を乗り越える力が湧いてくる**」という名言がありますが、トロイ発掘という夢に全身全霊でぶつかっていったその様子は、いまでも私たちに勇気と希望を与えてくれます。

さらに、「私は世界を見たいという大きな望みを持っている」と語った通り、まだ飛行機もない時代に、世界の国々を巡り、各国の文化を探訪しています。

いまから一五〇年前、交流もほとんどなかった中国やインド、そして日本を訪れたシュリーマンは、横浜や江戸を旅して幕末の日本の様子を書きとめ、日本人の秩序ある生活や武士の律義な生き方を世界の人々に紹介したのです。

五〇歳近くから始めて、コツコツと夢を実現していった彼の姿を知ると、「自分も見習わなくては！」と、モチベーションが上がってくるのではないでしょうか。

「歳だから」「もう遅い」と半分あきらめかけたときにお手本にしたい人物は、ほかにもたくさんいます。

レイ・クロックが畑違いのセールスマンから転身し、シカゴに販売会社「マクドナルド・システム」を設立したのは、彼が五三歳のとき。その後「マクドナルド」は世界を席巻《せっけん》するファストフード・チェーンとして大成功を収めますが、五〇歳を過ぎてから未知の世界にトライするのは、勇気のいることだったでしょう。

また、ケンタッキーフライドチキンの創業者として有名なカーネル・サンダースが、フードビジネスに挑戦し始めたのは六五歳のとき。

四〇もの職を転々とし、幾多の失敗と成功を経て六五歳で始めたケンタッキーフライドチキンを、七四歳で退くまでのあいだに六〇〇〇店を超える大フランチャイズ店に作り上げたのです。

もちろん日本にも、五六歳で日本全国の測量を始め、七四歳で亡くなるまで一七年も測量を続けて、歴史上初めて国土を正確に表す日本地図を表した伊能忠敬《いのうただたか》など、素晴らしい足跡を残した先人は数えきれないほどいます。

なかなかやる気の出ないときや自分の人生に自信を持てないときには、パワー全開で道を拓いてきた大器晩成《たいきばんせい》の先人たちからエネルギーをもらってみてはいかがでしょう。

チャレンジする気持ちがあれば、五〇からでも遅くない

つねによい目的を見失わずに努力を続ける限り、最後には必ず報われる。
（ゲーテ）

明治生まれの詩人・柴田トヨさんが初めて出版した詩集『くじけないで』は、累計一五〇万部を超える大ヒットを記録し、二〇一〇年の年間ベストセラー第七位にも輝きました。

歴代最高齢での文壇デビューとなった柴田さんは当時九八歳。わかりやすく優しい言葉で人生を語る柴田さんの詩が、私たちにどれほど多くの感動と元気を与えてくれたかわかりません。

老衰でこの世を去る一〇一歳まで現役詩人でしたが、腰を痛めて趣味の日本舞踊を踊れなくなったことをきっかけに、長男のすすめで、九二歳から詩を書きはじめたのだとか。

その後、コツコツと書き溜めた作品が新聞の投稿欄に掲載されると大きな反響を呼

び、やがて自費出版した処女詩集『くじけないで』が全国で多くのファンを獲得することになりました。

一般に九〇歳といえば、チャレンジ精神や、がむしゃらな創造意欲とは無縁のように思えますが、柴田さんの創作意欲は衰えることがなかったといいますから、可能性に挑戦するのは、いくつからでも遅すぎないということでしょう。

むしろ**仕事に忙殺《ぼうさつ》されることもなく、しがらみに縛られることも少なくなる老年期は、自分のなかの才能を花開かせるのに、絶好の時期といえる**かもしれません。

昔の人が「老入」を待ち望んだように、私たちもリタイヤ後に未知の自分と出会う楽しみを残しておけば、自然と夢も膨《ふく》らむはずです。

老後を、労働から解放されて自分らしく生きられる期間と考えるなら、現代ではおよそ二〇年ものあいだ、自分で自由に使いこなせるフリータイムがあるのです。新たに事業にトライしてみたり、興味のある学問を学んだり、スポーツや初めての趣味にチャレンジしたりと、なんでもできるのですから、あとは自分自身がどれほどやる気を出してトライするかでしょう。

昔は、子育てや勤めを終えたらのんびりと余生を過ごすというのが当たり前だったかもしれませんが、いまは自分が望めばなんにでも挑戦できる世の中です。

老後の年月を「人生でもっとも自分らしく生きられる時期」と考え、実りの季節にできれば、これほど素晴らしいことはありません。

柴田さんの「あなたにＩ」という詩のなかには、

「出来ないからって
いじけていてはダメ
私だって　九十六年間
出来なかった事は
山ほどある
(中略)
さあ　立ちあがって
何かをつかむのよ」

という一節があります。その意欲あふれる言葉は、私たちの背中を力強く押してくれます。

チャレンジする気持ちさえあれば、いくつになっても、そこがスタートラインになるのです。「もう何歳だから」「どうせお金がないから」などという消極的な考えは吹き飛ばして、自分らしい新しい老後を開拓してください。

DIYで大きな喜びを味わう

何かに打ち込むことこそ、人生の幸福である。
（サミュエル・スマイルズ）

近所の奥さんは、六〇歳になるまで脚立《きゃたつ》に上ったこともなかったのですが、ご主人が骨折して入院を余儀《よぎ》なくされ、ひとりで一か月間家庭を守ることになりました。入院一週間目に、なんと台風が直撃。仕方なくベランダの植木鉢を固定したり、いつもなら旦那《だんな》さんに任せていた作業をすべて受け持つことになり、孤軍奮闘《こぐんふんとう》したのです。

ところが、その作業が意外にも楽しいと気がついたといいます。

「いまでは主人と一緒にホームセンターに行って、日曜大工にも手を出すようになりました。何事も試してみないとわからないですね」

この奥さんのように、最近は女性にも「DIY」をする人が増えているそうです。もともと、「Do it Yourself」の略語として生まれた言葉で、業者任せにせず自分で作業をすることです。しかし、現在は違う意味も持っているといいます。

それは、「**D・大丈夫、I・勢いで、Y・やってみよう！**」とか。

ひと昔前、小さな家具などの物作りは日曜大工と呼ばれ、男性の仕事のイメージが強かったのですが、現在は女性にも簡単に使える道具が増え、力が弱くても十分にリカバーできるようになりました。

もともと、女性は縫い物や編み物、刺繍《ししゅう》などに代表されるように、細かな手作業が得意です。また、家のなかにどんなものが必要か、どのようにしたら便利か、素敵に演出できるかを知っています。

ぴったりのものを買えば高い、夫に頼めば思い通りのものができない、それならいっそ自分で作ってみよう。大工仕事なんてちょっとハードルが高そうだけれど、「大丈夫、勢いで、やってみよう！」と、DIYは大人気。二〇一五年のトレンドワードにも選ばれたほどです。

そして、最近では、DIYタレントなる人たちがテレビをにぎわせています。女優の中田喜子《なかだよしこ》さんはその草分け的存在で、家の壁紙の張り替えをきっかけに目覚め、現在ではDIY関係の著書も持っているほどです。

彼女のブログには、帝劇の楽屋の壁を塗り替えたことや、古くなったイスの布を張り替えたことなどが書かれています。

住まいは誰にとっても大切な空間。それをDIYで自分の好みにできたら、いっそう愛着《あいちゃく》がわくでしょう。

さらに、五〇代にとっては、さまざまな脳への効果が期待できます。どんなデザイン、色、模様にしようか考えて、それを自分の手で一から作り上げていくわけですから、脳が思いきり活性化されます。さらに、**作り上げた達成感は、完成したときだけでなく、使い続けるかぎり持続します**。

また、一つうまく作れるとさらに新しいものを作りたくなりますし、失敗したとしても、「次はうまくやるぞ！」というモチベーションになり、みずみずしい脳をキープし続けられるのです。

「五〇代にもなって、そんなことできるかしら」と及び腰にならず、簡単なところから始めてみませんか。初心者用のキットもあり、DIYのハードルはぐんと下がっています。社会勉強を兼ねて、ホームセンターをのぞいてみるのもいいかもしれませんね。

空いた子ども部屋を、人が集まる場に変える

いかに長く生きたかではなく、いかに良く生きたかが問題である。（セネカ）

五〇歳を過ぎると、そろそろ子どもも独立を始め、定年を迎える頃には親子が別々の暮らしを営むというのが、平均的な日本の家庭といえるでしょうか。

実家が地方の場合は、都会暮らしの子どもと顔を合わせるのは、年に数回という例も少なくありません。

ところが、住宅事情の決して良くない日本で、いまでは使わなくなった子ども部屋がそのまま残っているというお宅が意外に多いのです。六畳程度の空間がただ放置されているだけのケースもよく見られます。

実際、なかには実家を倉庫代わりにしている子ども世代も多く、親に聞くと「子ど

も部屋は昔のままの状態で、物置きになっています」という返事が返ってくることがほとんどです。

しかし、**固定資産税を払いながらなにも利用していないデッドスペースがあるというのは、実にもったいない話ではありませんか。**

老後の生活スタイルを考えるなら、まず子ども部屋の有効利用を考えてみてはどうでしょう。

子ども部屋をリフォームして、夫婦別々の寝室にする場合も多いのですが、最近増えているのは、子ども部屋を筋トレやストレッチのできるトレーニングルームにするケースです。

その理由は「わざわざ出かけて行かなくても、自宅でトレーニングができるので、運動を習慣にできる」「雨の日や夜でも休まず運動が続けられる」などですが、実際には「スポーツジムに通うと結構お金がかかるが、自宅でやれば経済的」という意見が多いのだとか。

これ以外にも、子ども部屋を書斎《しょさい》や茶室、クラフトルームや手芸室など趣味の部屋にリフォームする例もあります。定年後の充実した生活づくりにも、子ども部屋の活用は大いに役立ちそうです。

そして、もうひとつおすすめしたいのが、子ども部屋をオープンスペースとして生かしたり、賃貸スペースとして貸し出すプランです。

子ども部屋を俳句や絵画、将棋や囲碁を楽しむ共有スペースとして、仲間同士の交流の場にするのも、つき合いの輪を広げるにはいいでしょう。

また、子ども部屋が玄関の近くなら、貸し部屋として賃貸することもできます。**学習塾や書道教室、英語塾や幼児教室などにレンタルスペースとして貸し出せば、貴重な老後の収入源にもなり得ます**。

とくに学習塾の需要は多いようですから、地元の業者との連携で安定収入の道を探ってみるのもいいかもしれません。

さらに、自分自身になにか教えられるスキルがあれば、それを生かして教室を開くこともできますから、まさに一石二鳥。

それまで眠っていたスペースを有効活用することによって生まれるメリットを、積極的に掘り起こしたいものです。

「少しの時間に、小さく働く」ライフを満喫する

他人のために尽くす人生こそ、価値ある人生だ。
（アインシュタイン）

ほんの二〇年ほど前までは、六〇歳を過ぎたら悠々《ゆうゆう》自適《じてき》の定年生活に入るのが当たり前と思われていましたが、いまや定年制度を廃止したり、七〇歳まで延長する会社もあって、雇用環境は大きく様変わりしています。

どのようなスタイルでどう働くかを決めるのは、あくまでも自分自身です。ただ、定年で現役を退いたらめっきり老け込んだということのないように、生活のプランだけはしっかり考えておきましょう。

肩書きを失くすと同時に自分の存在意義までなくなったように思えたり、職場の人間関係から離れることで孤独を感じたり、仕事をしないことで人生に張り合いを失う人も少なくありません。

もちろん収入が減るのも大問題ですが、そうしたリアルタイムの環境に応じて、心

を順次適応させていくことが大切でしょう。

「会社ではこうだった」「昔はああだった」と愚痴を口にするようになったら要注意。それは心が後ろ向きになって、前を向いていない証拠です。

定年を迎えたら、一度考えをリセットして、これまでと少し見方を変えましょう。いまの世の中、**過去にばかりこだわらなければ、まだまだ稼げるチャンスはあるものです**。ただし、以前と同じような待遇は期待できませんから、あくまでも一からのスタートだということを意識しておきましょう。

特別なスキルのある人は、人材紹介の会社や役職専門の派遣会社などで相談してみるのが手っ取り早いでしょう。最近ではハローワークなどでも高齢者向けの求人を強化していますから、自分のキャリアを生かせるところを探して、積極的に応募しましょう。

少しの時間だけ働きたい、少しだけ収入を得られればいいというのであれば、たとえば徒歩で通える職場とか、短時間の単純作業、アルバイトなどでもいいでしょう。外に出ていろいろな刺激を受けることが、生きる張り合いになるものです。

もし、なかなか気に入った仕事先が見つからなければ、全国各地のシルバー人材センターで仕事を受ける方法もあります。

仕事は庭の草刈りや掃除、引っ越しの手伝いや庭木の剪定《せんてい》などの軽作業が中心で、女性は室内の掃除や洗濯、料理や留守番など家事サービスが主ですが、アルバイト感覚でこなすには、ちょうどいいかもしれません。

早急に就職しなくてもいいというのなら、社会への貢献をめざして、本格的なボランティアに挑戦する道もあります。

ボランティアといっても、そのジャンルは多岐《たき》にわたっており、地域の活性化に取り組んだり、高齢者の生活を支援したり、子どもたちの教育をサポートしたりするなど、多面的な活動が期待されています。

最近よく聞かれる「老老介護」ですが、**比較的若い高齢者が先輩高齢者を支援するボランティアも注目されています**。先輩の話し相手をするとか、家事の手伝い、病院通いの付き添いや買い物のサポートといった日常的ボランティアをするのも有意義なことです。

また、とくに専門的な技術に携《たずさ》わった人なら、国際協力機構（ＪＩＣＡ）の「シニア海外ボランティア」に応募するのもいいと思います。

大手新聞社を六〇歳で定年退職したある男性の場合、再就職の依頼を断ってＪＩＣＡに応募し、日本語教師のボランティアとして南米ペルーへ赴任《ふにん》して活躍しています。
お金も大切ですが、人の役に立って「ありがとう」と言われる喜びは、お金を得る以上にうれしいことのようです。

ひとりで「好きなことを好きなように」堪能《たんのう》する

一日は貴い一生である。これを空費してはならない。
（内村鑑三）

外食に関して、日本人は独特の感性を持っていて、ひと昔前は、女性がひとりで外食するのは、まるで品のないことのようにされていました。

ただし、それもいまでは古臭い考え方になりました。働く女性を対象にした、あるアンケートでは、外食での「ひとりごはん」を平気で楽しめるという人は全体の六五・三パーセント、楽しめないという人は三四・七パーセントで、半分以上の女性がひとり外食に抵抗がないと答えているほどです。

パリやニューヨークで「女性ひとりで外食することをどう思いますか」などと質問したら、「女性ひとりで外食することになにか問題があるのですか?」「そんな質問は時代錯誤《さくご》で、女性蔑視《べっし》だと思われますよ」と猛反発を受けるでしょう。

実際に、パリやロンドンのカフェで、ひとりでカクテルを飲んだり、食事をする女性を見かけても、それに違和感を覚える人は誰もいないでしょう。

もちろん、それはひとりで映画や芝居《しばい》を観ることや、ひとりでドライブや旅行を楽しむことにも通じるもので、ひとりで行動することは、自立した人間にとってあまりにも当然のことなのです。

誰かに頼らず、堂々とひとりで行動することこそ、格好のいい大人のライフスタイルといえるのではないでしょうか。

人によっては「たしなみのある人は、ひとりで焼き鳥屋さんに行ったりしないもの」「ひとりで大衆演劇を観にいくなんて恥ずかしい」などと眉《まゆ》をひそめるかもしれませんが、基本的に人に迷惑さえかけなければ、なにを食べて、なにを見て、なにを好きになろうが、一向に構わないはずです。

とかく人の目を気にする日本人ですが、六〇歳を越える頃には、文字通り「ゴーイング　マイ　ウェイ」で、胸を張っていきましょう。

とくに、これまで世間体や社会的な体面に縛られてきた女性は、これまでの枠から少し離れて、自由な生き方を満喫《まんきつ》すればいいでしょう。

毎日ネクタイを締めて仕事をしてきた男性もそれは同じです。老後こそ伸び伸びと自由を謳歌《おうか》できるチャンスでもあるのです。

ですから、人生の楽しみ方も一辺倒ではなく、夫婦もいつも一緒が最良なわけではありません。あるときは同じ歩調で、またあるときは別のコースで、思い思い楽しめばいいでしょう。

「大人の休日倶楽部《くらぶ》パス」でお得に小さな贅沢《ぜいたく》を

青春とは人生のある時期ではなく、心の持ち方をいう。
（サミュエル・ウルマン）

最近では鉄道ファンの裾野《すその》も広がって、地方の小さな無人駅でも、立派なカメラを持った「撮りテツ（鉄道写真の好きな鉄道マニア）」をよく見かけますが、その多くが定年を過ぎたシニア層の男女です。

老後の時間を利用して、昔から憧れだった鉄道の旅をしてみたいと思う人は実に多く、どこかで鉄道関係のイベントや記念列車の運行があると、あっという間に乗車券が売り切れてしまうほどです。

鉄道旅行といっても高級旅館や三ツ星ホテルに連泊するような旅はちょっと現実的ではありませんが、近年リーズナブルな価格でさまざまな旅行プランを提供してくれるJRの会員サービスが広がりを見せ、全国的な人気を博しています。

このサービスの主流は、JR東日本が提供する「**大人の休日倶楽部《くらぶ》**」とJR西日本の「**おとなび**」です。

どちらも、満五〇歳以上なら入会でき、会員限定の割引きっぷやお得な旅行商品が入手できるため、旅好きのあいだではすっかりスタンダードになっているといいます。

なにより人気の秘密は、その格安料金です。新幹線を含むJR東日本管内が四日間乗り放題で一万五〇〇〇円、JR東日本とJR北海道管内は五日間有効で二万五〇〇〇円と破格の値段になっています（二〇一六年冬版）。

ただし、格安きっぷが買える代わりに、大人の休日倶楽部は有料会員制で、最低でも年会費が二〇〇〇円以上かかります。それでも、よく旅に出かける人にはメリットが大きいため、ファンの人気は収まりそうにもありません。

このところ鉄道ファンのあいだで静かなブームを巻き起こしているのが、映画の舞台をめぐる「鉄道映画旅」で、これは映画ファンも一緒に旅が楽しめるとあって、根強いファンがいるそうです。

とくに圧倒的な人気を集めているのが、日本全国で寅さんの足跡を訪ねる『男はつらいよ』シリーズ旅です。

山田洋次監督による『男はつらいよ』シリーズで、寅さんがめぐった地方を訪ねるのを定年後の楽しみにしていたという人も多く、各地で寅さんとマドンナが繰り広げたストーリーを追いながら、旅情《りょじょう》も味わうのがツウの旅なのだそうです。

そして、もうひとつ、鉄道映画の傑作といわれる『鉄道員《ぽっぽや》』や『駅 STATION』など、高倉健主演の映画の舞台を訪ねるテツ旅も変わらぬ人気で、『駅 STATION』で背景となった函館《はこだて》本線の銭函《ぜにばこ》駅には、いまも大勢のファンが集《つど》うといいます。

時間の余裕ができたからこそできる鉄道の旅は、人生後半の小さな贅沢。ぜひ心ゆくまでじっくりと味わいたいものです。

日帰りバス旅行は気軽なワンデー・クルーズ

老いたから遊ばなくなるのではない。遊ばなくなるから老いるのだ。

（バーナード・ショー）


先日、知人から面白い話を聞きました。

地方から遊びに来た友人と、東京スカイツリーまで一時間のバスドライブを楽しんだというのです。東京ではこんなバスクルーズが大人気だと知って、これをシニアの楽しみにしない手はないと思ったそうです。

この六〇分バスツアーを教えてくれたのは、あるツアー会社の社員でしたが、最近は外国からの観光客が急増したのにともない、短時間でぶらりと行けるミニクルーズが大流行。お手軽価格で気軽にワンデー・クルーズが楽しめるプランもたくさんあるというので、時間にゆとりができた世代にはおすすめでしょう。

とにかく驚いたのは、二階建てオープンバスで東京スカイツリーや浅草《あさくさ》、隅田川《すみだがわ》などを六〇分で周るコースや、ハローキティバスで湾岸エリアを八〇分でめぐるコース、丸の内から皇居や迎賓館《げいひんかん》を六〇分でドライブするコースなど、映画を一本観るより短い時間で楽しめるバスツアーがたくさんあること。

こうした新しいアトラクションを楽しむのも、好奇心を満たすにはぴったりですね。

また、半日から一日かければ、伊豆や長野、山梨あたりまで足が延ばせるので、旅行気分も味わえます。

聞けば、町内のシニアスポーツクラブで一年に二回はバスツアーに出かけるところもあるそうで、アウトドアで楽しむ趣味としては、なかなかお手頃かもしれません。

さらに、これは面白いと思ったのが、ツアーで語学が学べるという点です。「はとバス」には、「TOMODACHI」システムといって、英語をはじめとする八か国の音声ガイドを聞くことができる自動ガイドシステムが装備されているので、これを利用して外国語に親しむことができるのです。

文化遺産などの観光名所を訪れたり、温泉巡りや食べ放題の昼食付きで一万円以下という日帰りバスツアーなどもたくさん企画されています。自分で運転していくよりはるかに割安ですし、安心なのもいい点でしょう。

自分史を書いて人生の足跡づくり

過ぎてかえらぬ不幸をくやむのは更に不幸を招く近道だ。
（シェイクスピア）

あるとき、患者さんに「これ、読んでみてください」と分厚い本を手渡されました。それは患者さんがご自身で書かれた自分史でした。読むのに相当な時間がかかったのですが、社会の高齢化が進むにつれて、日本でも自分史をつくる人が増えているのは確かです。

最近では、マニュアルどおりに書くだけで、体裁《ていさい》の整った自分史が書き上がるセットも売られていて、文章を書くのはちょっと苦手という人にも好評だそうです。さらに、カルチャースクールでは、小説仕立てにした自分史の書き方講座があったりして、自分史づくりのハードルもかなり低くなってきています。

自分史づくりのいいところは、自分の人生を形にして残せることですが、これには二つの意味があって、一つは**自分の人生を見つめ直すため**、そしてもう一つは**残され**

た人に自分のメッセージを届けるためです。

以前人気を集めたテレビ番組で、自分が死ぬときに後悔すると思うことを聞いたところ、

・神仏の教えを知らなかったこと。
・生前の意思を示さなかったこと。
・残された時間を大切に過ごさなかったこと。
・自分の生きた証を残さなかったこと。
・愛する人に「ありがとう」と伝えなかったこと。

という答えが多く返ってきました。

なかでも圧倒的に多かったのが、「自分の生きた証を残さなかったこと」と「愛する人に『ありがとう』を伝えなかったこと」

という答えでした。自分史づくりは、こうした心の溝を埋めるためにも必要なのかもしれません。

ただし、自分史づくりを通じて自分の人生を客観的に見つめ直すのは、それほど容易なものではなく、せっかく書きはじめても途中で挫折《ざせつ》する人や、断念する人もいるようです。

なぜなら、書き進めるうちに懐かしさや満足感がこみ上げてくる半面、苦しさや後悔もリアルに浮かんできて、書き続けることができなかったという人もかなり多いからです。

しかし、**どんなつらい局面も乗り越えてきたからこそ今日の自分がある**わけですから、書くのをあきらめさえしなければ、最後は自分の生きてきた意味を再確認して、誇らしい気持ちになれるのは間違いないでしょう。人に見せることを前提にしないで、楽しみとして書くのでもいいと思います。

しかし、もともと文章を書くのが苦手で、自分史を書くなんてとても無理だと思う人には、文章だけに頼らない「自分史アルバム」がおすすめです。

作り方は簡単で、まず誕生や入学、卒業、就職、結婚など人生の節目《ふしめ》となる大きなイベントを時系列に書き出しておいて、そこに関連する写真をどんどん貼っていきます。

そして、そこに思いつくかぎりの感想やエピソードを書き連ねていくだけですから、別に難しいことはなにもありません。

自分史はつくりたいけれど、文章に自信がないという人は、「自分史アルバム」に挑戦してみてはいかがでしょう。

「エンディング・ノート」で心残りを一掃する

充実した一日がしあわせな眠りをもたらすように、
充実した一生は幸福な死をもたらす。（レオナルド・ダ・ヴィンチ）

二〇一一年に公開された映画『エンディング・ノート』は、熱血営業マンとして働き続けて六七歳で退職したサラリーマンが、家族と自分の人生を総括するためにエンディング・ノートどおりのことを実行していくというドキュメンタリーなのですが、そこには人生の機微《きび》がつぶさに描かれていて、老境《ろうきょう》に入った男性の心情がよくわかります。

さて、「エンディング・ノート」とは、その名の通り、自分の人生の終わり方について、自分自身で書き記した文書で、「終活」が社会的に認知され出した二〇一〇年頃から一般的になり、いまでは大手文具会社からたくさん販売されています。

「エンディング・ノート」というと、「まるで遺言《ゆいごん》みたい」と敬遠されるかもしれませんが、遺言のような法的拘束力《こうそく》がない代わり、自分の素直な気持ちや葬儀についての具体的な希望を伝えたり、遺言書には書くことのできない細かな点まで書き込めるため、遺言に勝るとも劣らない実用性があります。

家族と同居している場合でも、あらたまって終末の話をすることはあまりないでしょうし、家族と離れて暮らしている場合ならなおさらです。

万が一の場合、伝える術《すべ》がなければ、あとに混乱を残すばかりです。親が亡くなっても子どもが親の宗派を知らない例も多いといいますから、「エンディング・ノート」の必要性は、ますます高まっていくのではないでしょうか。

最近では、親がキリスト教に改宗したのをまわりに知らせていなかったため、仏教の様式で葬儀をおこなったところ、あとで教会の方から「本人は教会での葬儀を望んでいた」と聞かされて家族が困惑したというケースなど、「エンディング・ノート」があれば防げたトラブルも少なくありません。

普通、「エンディング・ノート」には、所有財産の一覧や葬儀やお墓についての希望、財産分けの意向などを書くようになっていますが、特別なルールはないので、言い残しておきたいことはすべて書いておけばいいでしょう。

また、事故や病気で意識がなくなったり、重度の認知症を発症したときに、どのような介護を希望するのか、終末医療や臓器提供の希望などを書き残すのも、非常に大事なことです。

誰でも、自分の希望どおりに人生を締めくくることができれば、心残りを最小限にできるはず。とくに、葬儀に関しては、知らせてほしい人のリストや形見《かたみ》分けの指示、遺影として飾ってほしい写真、流してほしい音楽まで、具体的なリクエストを明記しておくと、残された家族にとっては助けになるはずです。

人生のエンドマークを自分の手でデザインしてみるのもいいものだと思います。

保坂 隆（ほさか・たかし）

1952年山梨県生まれ。聖路加国際病院リエゾンセンター長・精神腫瘍科部長、聖路加国際大学臨床教授。慶應義塾大学医学部卒業後、同大学精神神経科入局。1990年より2年間、米国カリフォルニア大学へ留学。東海大学医学部教授（精神医学）を経て現職。
著書・監修書に『精神科医が教える50歳からの人生、幸せ上手になる方法』『精神科医が教える50歳からの人生を楽しむ老後術』（以上、大和書房）、『人生の整理術』（朝日新聞出版）、『精神科医が教えるお金をかけない「老後の楽しみ方」』（PHP研究所）、『人間、60歳からが一番おもしろい！』（三笠書房）などがある。

本作品は当文庫のための書き下ろしです。

だいわ文庫

精神科医《せいしんかい》が教《おし》える
50歳《さい》からのお金《かね》がなくても平気《へいき》な老後術《ろうごじゅつ》

著者　保坂隆《ほさかたかし》

二〇一六年五月一五日第一刷発行
二〇一六年六月一五日第三刷発行

発行者　佐藤 靖
発行所　大和《だいわ》書房
東京都文京区関口一―三三―四 〒一一二―〇〇一四
電話 〇三―三二〇三―四五一一

フォーマットデザイン　鈴木成一デザイン室
本文デザイン　菊地達也事務所
編集協力　幸運社、松島恵利子
本文イラスト　福々ちえ
本文印刷　信毎書籍印刷
カバー印刷　山一印刷
製本　小泉製本

ISBN978-4-479-30592-7

http://www.daiwashobo.co.jp